PREPARACIÓN DE COM
DIABÉTICOS PARA PRINCIPIANTES

Comidas fáciles y deliciosas para cocinar, preparar, agarrar y llevar - Libro de cocina para diabéticos para gente inteligente con un plan de comidas de 30 días + postres especiales (Spanish Version)

Stella Waters

TABLA DE CONTENIDOS

¿Sabías que puedes descargarte gratis la versión en audio de este libro?

HAZ CLICK AQUÍ PARA EL AUDIO AMERICANO

HAZ CLICK AQUÍ PARA EL AUDIO BRITÁNICO

Gracias de nuevo por elegir este libro, asegúrate de dejar una breve reseña en Amazon si lo disfrutas. Me encantaría conocer tu opinión.

ENTENDER LA DIABETES

La diabetes es una afección intensa e interminable que padece un gran número de personas en todo el mundo.

Si tienes diabetes y no controlas tus niveles de glucosa en sangre, es probable que acabes padeciendo al menos una auténtica dolencia, por ejemplo, una enfermedad coronaria, una insuficiencia renal y daños en los nervios, entre otras muchas.

La prediabetes es una condición en la que tus niveles de glucosa en sangre son más altos de lo que deberían ser; sin embargo, no tan altos como para que se te reconozca como diabético. Las investigaciones sugieren que hasta el 70% de las personas con prediabetes desarrollan una diabetes de tipo 2 completa.

En cualquier caso, esto implica que el 30% se da cuenta de cómo acabar con el avance de la diabetes antes de que se convierta en una enfermedad persistente. Por lo tanto, si te han confirmado que eres prediabético, desarrollar una diabetes completa no es ineludible.

No puedes cambiar tu conducta anterior, tu edad o tus cualidades, pero sí puedes cambiar tu estilo de vida, cómo te diviertes y lo que comes y bebes.

CÓMO FUNCIONA EL SISTEMA RELACIONADO CON EL ESTÓMAGO

Los alimentos que comes son, en su mayor parte, una mezcla de almidones, proteínas y grasas en diferentes grados. Un poco de carne, por ejemplo, contiene, en su mayor parte, proteínas y grasas. Las verduras, por ejemplo, las patatas, contienen racimos de azúcares.

Cuando digieres un trozo de comida, se separa en sus segmentos clave, carbohidratos, proteínas y grasas. Estas partes se separan aún más en tu sistema relacionado con el estómago y pasan a tu sistema circulatorio, que las transporta por tu cuerpo.

Tu energía se origina en la glucosa. La glucosa es sólo un azúcar primario. Sin embargo, es el manantial esencial de vitalidad de tu cuerpo.

La mayor parte de la glucosa se origina al procesar el azúcar y el almidón de las féculas que obtienes de los alimentos, por ejemplo, el arroz, la pasta, los cereales, los trozos de pan, las patatas, los productos de la tierra vegetales. La glucosa creada por el procesamiento en tu estómago pasa luego a tu sistema circulatorio, que la transporta a las células de tu cuerpo.

La glucosa es el combustible de tus células; controla tus desarrollos, contemplaciones y todo lo que haces.

Para controlar tus células, la glucosa tiene que entrar en ellas. Lo hace con la ayuda de la insulina.

La insulina es una hormona que se produce en el cuerpo y es suministrada por el páncreas. El páncreas descarga la insulina en el sistema circulatorio, donde recorre el cuerpo y se une a la glucosa en un viaje similar. El objetivo de la insulina es permitir que la glucosa entre en las células.

Para ello, la insulina se conecta a un receptor en el exterior de la célula. Esto hace que la capa celular permita que la glucosa entre en la célula. La célula podrá entonces utilizar la glucosa como combustible.

Este sistema de glucosa-insulina debe funcionar adecuadamente si se quiere controlar los niveles de azúcar en sangre.

Si la insulina no cumple su función de "abrir la puerta de entrada de la célula" a la glucosa, ésta no tendrá la opción de entrar en la célula... es más, la célula se quedará sin combustible.

La diabetes es una enfermedad en la que el sistema glucosa-insulina no funciona eficazmente.

Hay dos tipos importantes de diabetes: **(a) tipo 1 y (b) tipo 2.** Más del 90% de las personas con diabetes tienen diabetes de tipo 2.

En la **diabetes de tipo 1**, el páncreas no crea ninguna insulina o, en el mejor de los casos, prácticamente nada. El tipo 1 no se puede aliviar. La principal forma en que estas personas con diabetes pueden hacer frente a la enfermedad es mediante

3

inyecciones de insulina.

En la **diabetes de tipo 2**, el páncreas produce insulina, que se descarga en el sistema circulatorio. Cuando la insulina aparece en una célula, tiene problemas para adherirse a un receptor. Así, no puede incitar a la capa celular a abrirse y permitir que la glucosa entre en la célula.

La oposición a la insulina es la condición en la que la insulina no puede conectarse a los receptores celulares.

Imagina una llave que intenta introducirse en una cerradura en una entrada. La llave no puede entrar si la cerradura está atascada con un chicle. No hay nada malo en la llave ni en la cerradura. En cualquier caso, antes de que la llave pueda entrar, hay que limpiar la cerradura.

Una de las razones fundamentales de la oposición a la insulina es tener las "vías de entrada" de las células atascadas de grasa. La mejor manera de "desatascarlas" es eliminar de tu dieta toda la grasa más allá de lo que muchos considerarían posible durante cuatro semanas o un mes y medio (en todo caso) hasta que los receptores celulares se liberen de la grasa.

Entonces, ¿qué tienes que hacer para evitar que la diabetes de tipo 2 pase de la prediabetes a la condición incesante con sus elevados peligros de fallos respiratorios, derrames cerebrales, deficiencia visual, trasplantes de riñón, extirpación de piernas y otras condiciones deplorables?

CAMBIA TU ESTILO DE VIDA

AQUÍ TIENES 12 COSAS QUE PUEDES HACER:

1) Evitar la conducta estacionaria

Un estilo de vida estacionario es aquel en el que se permanece sentado una gran parte del día y se realiza una actividad física mínima. La conexión entre la conducta inactiva y el peligro de diabetes está simplemente demostrada.

Una investigación de las consecuencias de 47 exámenes encontró que los individuos que pasaron la parte más significativa del día ocupados con una conducta inactiva (por ejemplo, los trabajadores de oficina) tienen un 91% de peligro de crear diabetes.

Si trabajas en una oficina, hay algunas formas diferentes de cambiar tu propensión a la inactividad:

- Levántate de su área de trabajo y pasea un par de momentos de forma constante.

- Ponte de pie en lugar de sentarte cuando hables por teléfono.

- Sube por las escaleras en lugar de utilizar el ascensor.

- Aparca lejos de las tiendas, de modo que tengas que caminar una distancia decente para entrar.

- Sal a dar largos paseos por la noche (sencillo si tiene un perro).

- El enfoque ideal para dar la vuelta a las propensiones estacionarias es centrarse en actividades específicas que pueda hacer cada día.

2) Haz muchos ejercicios

Los estudios demuestran que el ejercicio físico amplía la afectabilidad de la insulina de las células cuando se hace ejercicio; se necesita menos insulina para potenciar la entrada de la glucosa en sangre en las células.

Numerosos tipos de movimiento físico disminuyen los niveles de glucosa en sangre en adultos prediabéticos que son robustos o tienen sobrepeso, contando el ejercicio vigoroso, la preparación de calidad y la preparación de estiramiento de alta potencia.

Un estudio de prediabéticos demostró que el ejercicio de alta fuerza ampliaba la afectabilidad de la insulina en un 85%... mientras que el ejercicio tolerablemente extremo la ampliaba en más de la mitad.

Sin embargo, este impacto sólo se producía cuando hacían ejercicio.

Otro estudio descubrió que para mejorar la reacción a la insulina en los prediabéticos, se esperaba consumir en cualquier caso 2.000 calorías a la semana mediante el ejercicio. No es demasiado difícil pensar en hacerlo si te centras en ello.

Intenta localizar una acción física que aprecies y que puedas adoptar habitualmente, y después cíñete a ella el mayor tiempo posible.

3) Deja de fumar

Además de los tumores de pulmón, mama, próstata, colon, garganta y estómago, así como el enfisema y la enfermedad coronaria, la investigación muestra que hay conexiones probadas entre el tabaquismo (y la introducción al humo reciclado) y la diabetes de tipo 2.

El tabaquismo aumenta el riesgo de diabetes en un 44% en los fumadores habituales y en un 61% en los fumadores intensos (más de 20 cigarrillos al día), en comparación con los no fumadores, según una meta-investigación de unos cuantos estudios que, en conjunto, han asegurado a más de un millón de fumadores.

Dejar de fumar disminuye este riesgo al cabo de un tiempo, pero no inmediatamente.

Una investigación sobre hombres fumadores de edad moderada muestra que cinco años después de dejar de fumar el peligro de desarrollar diabetes se redujo en un 13%. Después de 20 años, era equivalente a los individuos que nunca habían fumado.

4) Perder peso

La mayoría de los individuos que desarrollan diabetes de tipo 2 tienen sobrepeso o son obesos. Además, los individuos con prediabetes tienen, en general, grasa visceral, es decir, arrastran su exceso de peso alrededor de los órganos del centro y del estómago, por ejemplo, el hígado.

Los estudios han demostrado que el aumento de la grasa visceral avanza la oposición a la insulina, la ampliación del peligro de la diabetes de manera significativa. Este peligro puede ser disminuido por la pérdida de peso, en particular alrededor del centro.

Una investigación de más de 1.000 personas descubrió que por cada kilo (2,2 libras) que perdían, el riesgo de diabetes disminuía en un 16%. Este examen, además, encontró que la disminución más extrema de un peligro fue del 96%, es decir, perdió 6 kilogramos (13,2 libras).

Existen numerosas formas sólidas de perder kilos mediante el ejercicio y la dieta.

Tienes numerosas alternativas dietéticas para navegar por la mediterránea, la paleo, la baja en carbohidratos, la vegana. La mejor, tal vez, es la dieta para vencer la diabetes.

5) Reduzca la grasa en su dieta

Como sabes, el principal motor de la diabetes de tipo 2 es la grasa que atasca los receptores de tus células musculares, de modo que la insulina no puede abrir las películas celulares para permitir la entrada de la glucosa. El "remedio" es desbloquear los receptores.

Como eres prediabético, la grasa está empezando a obstruir los receptores. Puedes desbloquear los receptores limitando la grasa que ingieres en tu dieta.

Para limitar la grasa que ingieres:

- Asegúrate de que menos del 10% del contenido de cualquier alimento que comas proceda de la grasa (lee las marcas), y

- Reduce tu consumo de carne, huevos y productos lácteos, según lo razonable, y céntrate en los alimentos dependientes de las plantas (productos de la tierra).

- *Es así de sencillo.*

6) Reduce los carbohidratos refinados que comes

Los almidones refinados son azúcares y granos refinados que han sido procesados. El procedimiento elimina la fibra dietética, los nutrientes y los minerales de los granos.

Los ejemplos de carbohidratos refinados incluyen el azúcar blanco, el azúcar granulado, el jarabe de maíz de alta fructosa, etc., al igual que la harina blanca, el arroz blanco, la pasta blanca, etc. Estos se procesan más rápidamente que los almidones complejos.

Numerosas investigaciones han indicado una conexión entre la utilización constante de azúcar u otros carbohidratos refinados y el peligro de diabetes.

Por ejemplo, un examen que comprobó un conjunto de 37 investigaciones descubrió que las personas que más consumen carbohidratos refinados tienen un 40% más de probabilidades de desarrollar diabetes que las que menos consumen.

Esto se debe a que los azúcares directos y los carbohidratos refinados se procesan con rapidez y se consumen rápidamente en el sistema circulatorio, lo que provoca un pico en el grado de glucosa en la sangre.

Sin embargo, al ser prediabético, las células de su cuerpo son impermeables a la actividad de la insulina. Por lo tanto, el pico de glucosa estimula al páncreas para que suministre más insulina.

Después de algún tiempo, esto provoca más niveles elevados de glucosa e insulina en la sangre hasta que se desarrolla la diabetes.

Para evitar esto, debes dejar de poner azúcar en tu té y café y dejar de beber refrescos y otras bebidas dulces.

Además, debes comenzar a comer alimentos regulares, por ejemplo, granos enteros, verduras, productos orgánicos y verduras crudas, que son todos los principales puntos de acceso a los almidones complejos.

7) Ten una dieta alta en fibra

La fibra dietética es la parte poco apetecible de los alimentos vegetales. Hay dos tipos de fibra y comer muchos de los dos tipos es fundamental para prevenir la prediabetes.

La fibra soluble es una fibra que se desintegra en el agua para formar un material gelatinoso que reduce la velocidad de ingestión de los alimentos, disminuyendo la probabilidad de que se produzcan picos inesperados de glucosa en sangre.

La fibra insoluble no puede desintegrarse en el agua; sin embargo, asimila el agua, lo que hace que las heces sean cada vez más firmes, facilitando su evacuación. También está relacionada con la disminución de la glucosa en sangre; sin embargo, no está claro cómo funciona.

Las principales fuentes de fibra soluble son las verduras (judías, guisantes, etc.) los cereales (avena, centeno y cebada) las hortalizas, por ejemplo, el brócoli, la zanahoria y las alcachofas las hortalizas

10

de raíz, por ejemplo, los ñames y las cebollas... también, la parte carnosa de ciertos productos naturales, por ejemplo, las ciruelas pasas, las bayas, los plátanos, las manzanas y las peras.

La fibra insoluble se encuentra, en su mayor parte, en los cereales enteros de trigo y maíz, los frutos secos, las semillas, la piel de las patatas y las semillas de lino. También se encuentra en productos orgánicos, por ejemplo, aguacates y plátanos unas pocas pieles, por ejemplo, en los tomates también, verduras, por ejemplo, judías verdes, coliflor, calabacines (calabacines) y apio.

Algunas plantas contienen medidas significativas de fibra disoluble e insoluble. Comer muchas verduras y alimentos cultivados de la tierra te dará suficiente fibra para evitar que su prediabetes se convierta en diabetes.

8) Minimiza tu consume de comidas preparadas

Los alimentos preparados, por ejemplo, el tocino, las salchichas, el paté, el salami, la avena para el desayuno, el queso cheddar, las conservas de verduras, el pan, las deliciosas golosinas (patatas fritas, salchichas, tartas y pasteles), los pasteles y panecillos, las cenas en el microondas, etc., están repletos de aceites, grasas incluidas, azúcares incluidos, granos refinados y una amplia gama de sustancias añadidas.

Los alimentos preparados están relacionados con una amplia gama de problemas médicos, incluida la diabetes. Una investigación descubrió que las dietas de baja calidad con alto contenido en alimentos procesados aumentan el peligro de diabetes en un 30%.

Por lo tanto, para retrasar que la diabetes se convierta en una diabetes interminable, hay que disminuir los alimentos preparados. Come verduras, productos naturales, frutos secos y otros alimentos de origen vegetal.

9) Restringe las porciones

Cuando la comida llega al estómago, todo empieza a procesarse por partida doble.

En este sentido, se ha demostrado que comer mucho de una sola vez provoca un aumento de los niveles de glucosa e insulina en los individuos prediabéticos.

Una investigación de dos años sobre hombres prediabéticos descubrió que los individuos que redujeron la cantidad de comida que comieron en una cena tenían un 46% menos de peligro de desarrollar diabetes en contraste con los individuos que siguieron comiendo grandes cantidades.

Otra investigación de individuos con prediabetes dedujo que los individuos que practicaron el control de las porciones redujeron significativamente sus niveles de glucosa e insulina en la sangre en las siguientes 12 semanas.

Por lo tanto, para prevenir el comienzo de la diabetes, hay que controlar las porciones.

10) Bebe mucha agua, café y té

El agua debería ser tu bebida esencial.

Si te quedas con el agua más a menudo, te mantendrás alejado de las bebidas con alto contenido de azúcar, aditivos y otros ingredientes dañinos.

Una investigación observacional masiva de 2.800 individuos encontró que los individuos que consumían múltiples porciones de bebidas con azúcar al día tenían un 99% más de peligro de desarrollar LADA y un 20% más de riesgo de desarrollar diabetes tipo 2.

La LADA, la diabetes inactiva del sistema inmunitario de los adultos, es un tipo de diabetes de tipo 1 que se da en individuos de más de 18 años.

Algunos estudios han descubierto que la ampliación de la utilización de agua (en lugar de aumentar el número de refrescos o zumos de productos naturales que se devoran) provoca un mejor control de la glucosa en sangre y de la reacción de la insulina.

Un estudio de 24 semanas, por ejemplo, demostró que los adultos con sobrepeso que cambiaron los refrescos dietéticos por el agua como un aspecto importante de un plan de mejora de la salud se encontraron con una reducción de la oposición a la insulina y niveles más bajos de glucosa en sangre e insulina tras el ayuno.

Por lo tanto, bebe mucha agua, en todo caso, de 2 a 4 litros, al día para detener el desarrollo de la diabetes.

Asegúrate de mantenerte alejado de los refrescos llenos de azúcar y de las bebidas con cafeína. En su lugar, cuando necesites un estímulo, opta por el café o el té.

El café y el té contienen polifenoles, agentes de prevención del cáncer que pueden proteger contra la diabetes. El té verde contiene además galato de epigalocatequina (EGCG), uno de los agentes de prevención del cáncer que ha demostrado disminuir la producción de glucosa del hígado y aumentar la afectabilidad de la insulina.

Algunas investigaciones han indicado que el consumo de café disminuye sistemáticamente el peligro de padecer diabetes de tipo 2 en un porcentaje que oscila entre el 8 y el 54%. La mejor disminución de la probabilidad se encuentra en los individuos que más beben.

Un examen de algunas investigaciones, que incluían el té tanto como el café, descubrió resultados comparativos. Este estudio demostró además que el peligro de desarrollar diabetes disminuía más en las mujeres (en igualdad de condiciones) y en los hombres con sobrepeso.

Por lo tanto, se trata de mucha agua, té y café para los prediabéticos que desean abstenerse de desarrollar diabetes.

11) Mejora tu salud día a día

La mejora de la nutrición abarca suplementos a menor escala, por ejemplo, nutrientes, minerales dietéticos y grasas insaturadas.

Las vitaminas son cruciales para el bienestar. Todos los nutrientes pueden clasificarse en uno de los dos tipos principales: disolubles en agua o disolubles en grasa.

Los nutrientes disolubles en agua son, en su totalidad, las vitaminas del grupo B, además de la vitamina C. Estos nutrientes no se almacenan en el cuerpo y se eliminan en grandes cantidades a través de la orina. En consecuencia, no pueden desarrollar niveles tóxicos en su cuerpo.

Las vitaminas A, D, E y K son disolventes de la grasa. Para ingerir estas vitaminas, necesitas una cantidad de grasa en tu dieta. Cualquier cantidad excesiva se guarda en los tejidos de tu cuerpo por lo que podrían, hipotéticamente, desarrollarse hasta niveles peligrosos. En cualquier caso, esto es increíblemente infrecuente.

Los minerales se dividen en dos tipos, minerales significativos y oligoelementos.

Los minerales significativos son los que necesitas en medidas de 100 miligramos (mg) o más cada día. Estos minerales son el calcio, el fósforo, el magnesio, el azufre, el potasio, el sodio y el cloruro.

Los minerales traza son necesarios en medidas inferiores a 100 mg cada día. Los minerales traza incluyen hierro, yodo, zinc, flúor, selenio, cobre, cromo, manganeso y molibdeno.

Los minerales se utilizan en una gran variedad de funciones. Por ejemplo, el cuerpo utiliza el calcio para fabricar huesos y dientes, y el hierro para fabricar la hemoglobina de las plaquetas rojas.

Aunque, en igualdad de condiciones, los investigadores aún no comprenden del todo los minerales de la dieta, y aunque los resultados de las pruebas clínicas se contradicen con frecuencia, la mejora diaria de la dieta debería ayudar a evitar que la prediabetes se convierta en diabetes..

Esto es lo que debes tomar cada día:

- Multivitamínico: para asegurar todas tus necesidades dietéticas.

- Vitamina B12 (4mcg) en un comprimido diferente: para el bienestar de su sistema sensorial ya que tu prediabetes probablemente va a influir en tus nervios a partir de ahora.

- Calcio (400mg) además de vitamina D (2,5mcg) juntos en otro comprimido para garantizar la solidez de tus huesos.

- Cápsula de aceite de hígado de bacalao de alta calidad con vitaminas D y E, en otra cápsula: para garantizar que ingieres las medidas suficientes de las grasas insaturadas esenciales omega 3 y omega 6.

Hay una acentuación en la vitamina D porque esta vitamina es significativa para el poder adecuado sobre su glucosa de sangre.

Una serie de estudios muestra que las personas que tienen muy poca vitamina D en su sistema circulatorio corren más peligro de padecer todo tipo de diabetes. Un examen encontró que las personas con los niveles más significativos de vitamina D en su sangre tenían un 43% menos de probabilidades de desarrollar diabetes en contraste con las personas con los niveles más bajos.

La mayoría de las asociaciones de bienestar sugieren mantener un nivel de vitamina D en sangre de 75nmol/l (30ng/ml).

Las investigaciones controladas han demostrado que cuando los individuos que carecen de vitamina D toman suplementos, sus niveles de glucosa en sangre se normalizan, y su peligro de desarrollar diabetes disminuye significativamente.

12) Añade hierbas características a tu dieta

La web está repleta de afirmaciones, en su mayoría falsas, de que determinadas hierbas pueden evitar que la prediabetes se convierta en la forma total de la enfermedad. He aquí un par de casos más creíbles:

- **Canela:** es una cáscara profundamente dulce con un sabor excepcionalmente particular. Se utiliza en la medicina convencional para tratar una variedad de dolencias, obviamente con cierto éxito.

Los informes de la web recomiendan que la canela puede reducir los niveles de glucosa en ayunas hasta en un 30%, así que empecé a espolvorear una enorme cucharadita en mis gachas (avena) a primera hora del día. En un par de días, mis niveles normales de glucosa al levantarme habían bajado casi 0,5mmol/l (9mg/l) o aproximadamente un 8%, una cantidad considerable por debajo del 30%, una disminución significativa en cualquier caso.

Por lo tanto, no puedo evitar sospechar que esta cáscara, en forma de polvo molido que puedes comprar en tu tienda más cercana, puede ayudarte a mejorar tus niveles de glucosa en sangre y, en consecuencia, a evitar que tu prediabetes se convierta en diabetes. El melón amargo... también conocido como calabaza áspera o karela (en la India), es un producto vegetal-natural único que puede utilizarse como alimento o medicina. Se sugiere con frecuencia para el control de la diabetes.

17

Varios exámenes clínicos han indicado que el melón amargo tiene éxito en la mejora de los niveles de glucosa en la sangre, la ampliación de la descarga de la insulina, y la disminución de la obstrucción de la insulina.

En enero de 2011, por ejemplo, se publicaron los resultados de un ensayo clínico de cuatro semanas en el Journal of Ethnopharmacology, que indicaba que una porción diaria de 2.000 mg de melón amargo disminuía significativamente los niveles de glucosa en sangre entre los pacientes con diabetes de tipo 2. De todos modos, el impacto hipoglucémico no era tan grande como el de una ración diaria de 1.000 mg de metformina, un conocido medicamento para la diabetes.

Aunque puede ayudar a prevenir el deterioro de la prediabetes, el melón amargo debe tratarse con cuidado, ya que se ha relacionado con ciclos de parto no naturales y con partos prematuros en animales. Por lo tanto, debe evitarse si se está embarazada o si se desea quedar embarazada.

- **Curcumina:** forma parte de la cúrcuma, uno de los ingredientes fundamentales del curry. Tiene propiedades antiinflamatorias y se utiliza en la medicina ayurvédica desde hace bastante tiempo.

Las investigaciones demuestran que la curcumina puede ayudar a disminuir los marcadores significativos en personas con prediabetes.

En una investigación controlada de 9 meses de 240 adultos prediabéticos, ninguno de los individuos que tomaron 750 mg de curcumina cada día desarrolló diabetes, sin embargo, más del 16% del grupo de referencia lo hizo. La investigación también observó que la afectabilidad de la insulina entre los individuos que tomaron curcumina aumentó, al igual que el funcionamiento de sus células creadoras de insulina en el páncreas.

De este modo, las ventajas de la curcumina en la disminución de la oposición a la insulina y la reducción del riesgo de que los prediabéticos desarrollen diabetes tienen todos los indicios de estar muy demostrados.

- **Berberina:** es un alcaloide extraído de diferentes plantas utilizadas en la medicina china habitual. Se ha demostrado que es un atenuante y eficaz contra los efectos de la diabetes. Actúa disminuyendo la creación de glucosa en el hígado y ampliando la afectabilidad de la insulina.

Una amalgama de 14 investigaciones en humanos y animales ha demostrado que 1.500 mg de berberina, tomada en tres dosis de 500 mg cada una, tiene una eficacia similar a la de tomar 1.500 mg de metformina o 4 mg de glibenclamida, dos fármacos muy conocidos para tratar la diabetes de tipo 2. La berberina es uno de los pocos suplementos que han demostrado ser tan potentes como los medicamentos ordinarios para la diabetes.

La berberina, en cualquier caso, puede reaccionar con diferentes fármacos y se debe tener precaución... pregunta a tu médico de cabecera antes de intentar utilizarla para prevenir el deterioro de tu prediabetes.

- ***Advertencia (1):*** En la red florecen casos espurios de que determinados suplementos pueden arreglar o prevenir enfermedades. De todos modos, hay un par de fuentes fiables que contienen datos probados por la investigación. La mayoría de ellas están relacionadas con universidades respetables, escuelas clínicas y clínicas médicas de enseñanza.

- ***Advertencia (2):*** Algunas hierbas y suplementos pueden combinarse con su prescripción para la diabetes (contando la insulina) y provocar un nivel de glucosa en sangre demasiado bajo. Por lo tanto, consulta a tu médico de cabecera antes de utilizarlos.

RECETAS PARA EL DESAYUNO

MINI QUICHE DE VERDURAS

Una receta vegetariana apta para diabéticos. Se trata de mini quiches que también pueden llamarse "Stand Alone Meal". Es fácil tener siempre un delicioso desayuno, listo para llevar. Son una gran receta de fin de semana que puedes preparar para la familia. Te encantará esta comida porque se congelan muy bien, y se pueden servir con una ensalada ligera y cualquiera de tus bebidas favoritas.

¡Que lo disfrutes!

INGREDIENTES

- 9 huevos
- 8 onzas de espinacas picadas
- 1 pimiento rojo pequeño picado
- 1 taza de leche
- 1 taza de queso cheddar rallado

22

- 1/2 cucharadita de sal

- 1 cebolla roja pequeña, picada

- Mantequilla

PREPARACIÓN

- En una sartén grande, añade una cucharada de mantequilla y derrítela a fuego medio-bajo.

- Añade las cebollas y cocínalas hasta que estén translúcidas, durante unos 2 minutos.

- Añade las espinacas y cocina hasta que se marchiten.

- Añade los pimientos rojos y más mantequilla si es necesario.

- Saltea durante 1 minuto aproximadamente y resérvalo.

- Engrasa un molde para magdalenas con capacidad para 12 magdalenas.

- Reparte las verduras salteadas entre los moldes.

- En un bol grande, rompe los 9 huevos y añade la leche y la sal. Bátelo todo.

- Reparte la mitad del queso cheddar entre los moldes para magdalenas.

- A continuación, reparte la mezcla de huevo.

- Hornea durante unos 10 minutos a 375 grados F.

- Retira del horno y reparte el resto del cheddar, cubriendo los quiches.

- Vuelve a meterlo en el horno y hornéalo hasta que los huevos estén cuajados. Puedes utilizar un palillo para comprobarlo.

- Retira del fuego y deja que se enfríe.

- Sirve y disfruta.

NOTA:

Las mini quiches se conservan bien en un recipiente hermético en la nevera durante 3 o 4 días. Se pueden recalentar fácilmente en el horno (a 350 °F/180 °C durante unos 10 o 15 minutos) o en el microondas (en la posición más alta durante 1 o 2 minutos).

TIEMPO DE PREPARACIÓN: 15 min

TIEMPO DE COCCIÓN: 15 min

TIEMPO TOTAL: 30 min

PORCIONES: 12 mini quiches

SHAKSHUKA

Este tipo de receta está cargada de especias, huevos y salsa de tomate. Es muy fácil de preparar y puede estar lista para comer en 30 o 40 minutos.

Utilizar tomates en lata para este shakshuka será muy fácil (aunque siempre puedes utilizar tus tomates frescos, no hay problema). No tienes que preocuparte demasiado porque es una receta sana y apta para diabéticos que siempre puedes tomar en una mañana luminosa.

INGREDIENTES

- 4 dientes de ajo, finamente picados
- 2 cucharaditas de pimentón
- 1 cucharadita de comino

- 1 cebolla mediana, cortada en dados

- 1 pimiento rojo, sin pepitas y cortado en dados

- 1/4 de cucharadita de chile en polvo

- 1 lata de 28 onzas de tomates enteros pelados

- 1 manojo pequeño de cilantro fresco, picado

- 1 manojo pequeño de perejil fresco, picado

- 6 huevos grandes

- Sal y pimienta, al gusto

PREPARACIÓN

- En una sartén grande, calienta el aceite de oliva a fuego medio.

- Añade la cebolla y el pimiento picados. A continuación, cocina hasta que la cebolla se vuelva translúcida, durante unos 5 minutos.

- Añade las especias y el ajo, y cocina un minuto más.

- Vierte el zumo y la lata de tomates en la sartén, y luego utiliza una cuchara grande para deshacer los tomates.

- Sazona con pimienta y sal y lleva la salsa a fuego lento.

- Haz pequeños pozos en la salsa con una cuchara grande y rompe los huevos en cada pozo.

- Tapa la sartén y cocina hasta que los huevos estén hechos a tu gusto, entre 5 y 8 minutos.

- Adorna con perejil y cilantro picado.

- Sirve y disfruta.

NOTA:

La shakshuka se puede guardar en la nevera hasta 1 semana o se puede congelar. Para servirla, caliéntala en una sartén con un poco de aceite y ponle encima el queso/los frutos secos/las hierbas.

TIEMPO DE PREPARACIÓN: 10 min

TIEMPO DE COCCIÓN: 20 min

TIEMPO TOTAL: 30 min

PORCIONES: 6 porciones

GRANOLA SALUDABLE

La granola saludable es realmente la mejor receta de granola. Es muy fácil y rápida de hacer. Es deliciosa y sabrosa y está naturalmente endulzada con jarabe de arce. Puedes añadir algunas variaciones posibles para condimentarla, como fruta seca, trocitos de chocolate y mantequilla de maní o cualquier otra especia que te guste.

Desayuna esta comida y sé feliz el resto del día.

INGREDIENTES

- 2 cucharaditas de canela molida
- 3/4 de cucharadita de sal marina fina
- 1/2 taza de aceite de coco derretido
- 4 tazas de avena a la antigua usanza
- 2/3 de taza de copos de coco sin azúcar (o 1/2 taza de coco rallado)

- 1 taza de almendras fileteadas (o el tipo de semillas/nueces que prefieras)

- 1/4 de taza de semillas de chía (opcional)

- 1/3 de taza de sirope de arce

- 2 cucharaditas de extracto de vainilla

- 1/2 taza de frutos secos picados o chips de chocolate semidulce (opcional)

PREPARACIÓN

- Calienta el horno a 350 grados F.

- Utiliza papel de pergamino para forrar una bandeja de horno grande y apártala.

- Mezcla las almendras, la avena, la canela y la sal marina en un cuenco grande hasta que estén bien combinadas.

- Mezcla el sirope de arce, el aceite de coco derretido y el extracto de vainilla en un vaso medidor aparte hasta que estén bien combinados.

- Vierte la mezcla de aceite de coco en la mezcla de avena.

- Remueve hasta que esté bien combinada.

- Extiende la granola en la bandeja de horno preparada.

- Hornea, removiendo una vez a mitad de camino, durante unos 20 minutos.

- Retira del horno, añade el coco y remueve bien la mezcla.

- Hornea hasta que la granola esté ligeramente dorada y tostada, durante unos 5 minutos más.

- Retírala del horno y pásala a una rejilla de alambre para hornear.

- Deja que se enfríe hasta que la granola alcance la temperatura ambiente.

- A continuación, incorpora las pepitas de chocolate, los frutos secos o cualquier otro complemento opcional que prefieras.

- Sírvela inmediatamente o guárdala en un recipiente hermético a temperatura ambiente.

- Disfruta.

NOTA:

Las barritas de granola se pueden conservar perfectamente. Primero envuelve las barritas individualmente con papel encerado o pergamino y luego guárdalas en bolsas Ziploc grandes y etiquetadas. Se congelan bien hasta 2 meses. Para descongelarlas, sólo tienes que sacar la cantidad de barritas de granola que quieras del congelador y dejarlas en la encimera durante 30 minutos.

TIEMPO DE PREPARACIÓN: 10 min

TIEMPO DE COCCIÓN: 25 min

TIEMPO TOTAL: 35 min

PORCIONES: 6 tazas

MAGDALENAS DE AVENA CON CANELA Y MANZANA

Los muffins de avena con canela son una receta sana y reconfortante para las personas diabéticas. Son increíbles y se pueden envasar también como merienda.

Puedes cambiar las manzanas por fresas o arándanos y tienen un sutil dulzor que los convierte en una nutritiva y deliciosa opción de desayuno para niños y adultos también. Tienes que probar estas magdalenas.

INGREDIENTES

Topping:

- 1 cucharada de mantequilla derretida
- 1/4 de taza de avena de cocción rápida

- 1 cucharada de azúcar moreno
- 1/4 de cucharadita de canela molida

Magdalenas:

- 1 - 1/2 cucharadita de canela molida
- 1 cucharadita de levadura en polvo
- 1 huevo ligeramente batido
- 1 cucharadita de extracto de vainilla
- 1/2 cucharadita de bicarbonato de sodio
- 1/2 cucharadita de sal
- 1 1/2 tazas de avena de cocción rápida
- 1 1/4 tazas de harina de uso general
- 2 cucharadas de harina para todo uso
- 1/2 taza de azúcar moreno
- 1/2 taza de compota de manzana sin azúcar
- 1/2 taza de leche
- 1/4 de taza de aceite vegetal
- 1 manzana picada, pelada y sin corazón

PREPARACIÓN

- Precalienta el horno a 400 grados F.
- Engrasa un molde para magdalenas de 12 tazas y fórralo con forros de papel.
- Mezcla 1 cucharada de azúcar moreno, 1/4 de taza de avena, 1/4 de cucharadita de canela y la mantequilla derretida en un bol pequeño. Déjalo a un lado.

- Bate 1/2 taza de azúcar moreno, 1 1/2 tazas de avena, harina, levadura en polvo, 1 1/2 cucharadita de canela, sal y bicarbonato de sodio en un bol grande.

- Mezcla en un bol la leche, el puré de manzana, el aceite, el huevo y el extracto de vainilla.

- Incorpora la mezcla de puré de manzana a la mezcla de harina sólo hasta que se humedezcan todos los ingredientes.

- Incorpora la manzana y echa una cucharada de la mezcla de manzana en los moldes preparados para magdalenas, hasta llenar unos 2/3 de ellos, y espolvorea la mezcla de avena y la parte superior de manera uniforme sobre cada magdalena.

- Hornea en el horno precalentado, durante unos 15 minutos hasta que un palillo insertado cerca del centro salga limpio.

- Sirve y disfruta.

NOTA:

Hornea las tazas de avena, enfríalas por completo y guárdalas en el frigorífico durante toda la semana para desayunar fácilmente. Recaliéntalos en el microondas o cuécelos en el horno a 177°C (350°F) durante 5 ó 6 minutos. Para congelar, hornea y enfría las tazas de avena. Tápalos bien y congélalos hasta 3 meses. Descongela en el frigorífico o a temperatura ambiente. Calienta a tu gusto.

TIEMPO DE PREPARACIÓN: 20 min

TIEMPO DE COCCIÓN: 15 min

TIEMPO TOTAL: 35 min

PORCIONES: 12 magdalenas

OMELET DE VERDURAS

La tortilla de verduras es una de las recetas de desayuno más fáciles y rápidas de hacer. Es fundamental empezar bien el día con verduras y proteínas ricas en nutrientes.

Esta receta se puede preparar y comer como guarnición o como comida completa. Es muy saludable, simplemente deliciosa, ligera y esponjosa.

Lo más interesante es que puedes utilizar tus verduras favoritas para crear tu propia tortilla perfecta.

INGREDIENTES

- 4 huevos
- 2 cucharadas de leche
- 3/4 de cucharadita de sal
- 2 cucharadas de mantequilla

- 1 cebolla pequeña picada

- 1 pimiento verde picado

- 1/8 de cucharadita de pimienta negra recién molida

- 2 onzas de queso suizo rallado

PREPARACIÓN

- En una sartén mediana, derrite 1 cucharada de mantequilla a fuego medio.

- Coloca el pimiento y la cebolla en la sartén.

- Cocina hasta que las verduras estén apenas tiernas, durante unos 5 minutos, removiendo de vez en cuando.

- Bate los huevos con 1/2 cucharadita de sal y pimienta con leche mientras se cocinan las verduras.

- En un bol pequeño, desmenuza el queso y resérvalo.

- Retira las verduras del fuego.

- Pásalas a un bol aparte y espolvorea el resto de la sal sobre ellas.

- Derrite el resto de la mantequilla a fuego medio.

- Cubre la sartén con la mantequilla.

- Añade la mezcla de huevos mientras la mantequilla está burbujeante y cocina el huevo hasta que los huevos empiecen a cuajar en el fondo de la sartén, durante unos 2 minutos.

- Levanta suavemente los bordes de la tortilla con una espátula para que la parte no cocida de los huevos fluya hacia los bordes y se cocine.

- Sigue cocinando hasta que el centro de la tortilla empiece a parecer seco, durante unos 3 minutos.

- Espolvorea el queso sobre la tortilla.

- Vierte la mezcla de verduras en el centro de la tortilla.

- Con una espátula, dobla suavemente un borde de la tortilla, sobre las verduras.

- Deja que la tortilla se cocine hasta que el queso se derrita hasta alcanzar la consistencia deseada, durante unos 2 minutos.

- Saca la tortilla de la sartén y colócala en un plato.

- Córtala por la mitad, sírvela y disfrútala.

NOTA:

Las bolsas de congelación son una gran opción para conservar las tortillas en la nevera o en el congelador. Las tortillas se conservan en el frigorífico sólo durante unos 3-4 días. Las tortillas deben estar bien envueltas o selladas en un recipiente o bolsa hermética. La clave para almacenarlas es asegurarse de que están bien cerradas en cualquier formato de almacenamiento que utilices.

Puedes conservar las tortillas guardándolas en el congelador hasta 4 meses. Tendrán un sabor más fresco si se utilizan antes de 2 meses. Para guardarlas en el congelador, envuélvelas bien o colócalas en bolsas de congelación o en un recipiente hermético. Esto es sólo para asegurarse de que realmente están bien sellados para conservar el sabor.

TIEMPO DE PREPARACIÓN: 10 min

TIEMPO DE COCCIÓN: 15 min

TIEMPO TOTAL: 25 min

PORCIONES: 2 porciones

TAZAS DE PIMIENTOS CON HUEVO

Todo lo que necesitas son huevos, pimienta fresca molida, cualquier hierba fresca que tengas a mano y algunos pimientos de colores para tener lista tu comida matutina. Esta es la clase de receta que es tan sencilla de preparar y que puede estar lista para comer en 30 minutos.

Probar estos huevos a la pimienta sería estupendo en serio. Una idea de desayuno fácil que está lleno de proteínas de llenado para tomar en tu día. Yo lo llamo un energizante matutino.

INGREDIENTES

- 4 huevos grandes
- Pimienta recién molida y sal kosher
- 4 pimientos pequeños multicolores

- Hierbas frescas picadas

PREPARACIÓN

- Precalienta el horno a 350 grados F.

- Corta la parte inferior de 2 pulgadas del pimiento (hazlo para cada uno de los pimientos, en 1 pieza) para formar tazas poco profundas.

- Reserva la parte superior para utilizarla la próxima vez.

- Coloca los pimientos en una bandeja para hornear.

- Rompe 1 huevo en cada uno de los pimientos.

- Sazona con pimienta y sal.

- Hornea durante unos 25 minutos, hasta que las yemas estén todavía un poco líquidas y las claras estén firmes.

- Espolvorea con hierbas frescas picadas de tu elección.

- Sirve y disfruta.

NOTES:

Guárdalos todos en un recipiente hermético en el frigorífico o coloca cada magdalena individual en una bolsa resellable para un desayuno fácil de llevar. Deséchalos después de 6 días. También puedes congelar los muffins de huevo cocidos, una vez enfriados, en una bolsa resellable hasta 3 meses.

TIEMPO DE PREPARACIÓN: 5 min

TIEMPO DE COCCIÓN: 0 min

TIEMPO TOTAL: 30 min

PORCIONES: 6 tazas

FRITTATA DE VERDURAS

MI RECETA **EXTRA**

La frittata vegetariana es como una tortilla abierta que tiene una presentación colorida. Son comidas vegetarianas que son una gran manera de transformar los huevos en un desayuno más sustancial. Debes saber que los huevos son naturalmente ricos en proteínas y bajos en carbohidratos. Por lo tanto, creo que este es el combo perfecto para mantener los niveles de azúcar en sangre estables.

Empieza tu día con esta deliciosa comida hoy y disfrútala.

INGREDIENTES

- 6 huevos
- 1/4 de taza de cilantro picado
- 1/2 taza de tomates cherry cortados en rodajas
- 1/4 de taza de yogur desnatado opcional
- 1 taza de champiñones picados
- 8-10 tallos de espárragos cortados y picados
- 1 taza de queso mozzarella rallado dividido
- 1/4 de taza de cebollas rojas picadas

PREPARACIÓN

- Precalienta el horno a 425 grados F.
- Bate el huevo, la sal, la pimienta, la mitad del queso mozzarella rallado y el yogur; reserva la mezcla.

- En una sartén de hierro fundido o en una sartén apta para el horno, calienta el aceite de oliva.

- Añade los champiñones, las cebollas y los espárragos y cocina hasta que las verduras se ablanden durante unos 5 minutos.

- Vierte la mezcla de huevo sobre las verduras cocidas.

- Coloca encima los tomates cherry en rodajas y añade el resto del queso.

- Hornea en el horno precalentado sin tapar durante unos 15 minutos hasta que el centro esté cuajado y no se mueva.

- Sirve y disfruta.

NOTA:

La frittata se conserva bien durante unos días en el frigorífico. Puedes servir la frittata sobrante fría, dejar que se ponga a temperatura ambiente por sí sola o calentar suavemente rebanadas individuales en el microondas o en el horno.

TIEMPO DE PREPARACIÓN: 10 min

TIEMPO DE COCCIÓN: 15 min

TIEMPO TOTAL: 25 min

PORCIONES: 4 porciones

GACHAS DE COCO

MI RECETA **EXTRA**

Según el sitio web médico WebMD, las gachas de coco podrían ayudar a controlar el azúcar en sangre de los pacientes con diabetes. Es mejor para mantener los niveles de azúcar en sangre durante un periodo de tiempo más largo. Es un alimento que tarda más en digerirse y el tipo de alimentos que tardan más en digerirse son extremadamente mejores para la diabetes.

Las gachas de coco son uno de los desayunos más nutritivos que puedes servir a toda tu familia por la mañana. *Disfruta de tu mañana.*

INGREDIENTES

- 1 onza de aceite de coco o mantequilla
- 4 cucharadas de crema de coco
- 1 huevo batido
- 1 pizca de sal
- 1 cucharada de harina de coco
- 1 pizca de polvo de cáscara de psilio molido

PREPARACIÓN

- Combina la harina de coco, el huevo, la cáscara de psilio en polvo y la sal en un bol pequeño.
- Derrite la mantequilla y la crema de coco a fuego lento.
- Bate la mezcla de huevos poco a poco, combinándola hasta conseguir una textura cremosa y espesa.
- Sirve con nata o leche de coco.
- Cubre las gachas con algunas bayas frescas o congeladas.
- Sirve y disfruta.

NOTA:

Guarda en recipientes con tapa en la nevera hasta 3 días.

TIEMPO DE PREPARACIÓN: 10 min

TIEMPO DE COCCIÓN: 0 min

TIEMPO TOTAL: 10 min

PORCIONES: 1 porción

RECETAS DE ALMUERZO

SOPA DE TORTILLA DE POLLO

Esta receta ofrece el mismo sabor que te gusta de la sopa de tortilla tradicional, pero sin todos los ingredientes altos en carbohidratos.

Es muy buena y perfecta para las personas diabéticas. Puedes añadir chips de tortilla crujientes y aligerar la receta horneando la tortilla para que sea más sustanciosa. Te sugiero que añadas lima para darle un toque de frescura. Además, esta receta es para ti si quieres comer sano.

INGREDIENTES

- 1 taza de maíz, escurrido si es de lata
- 2 pechugas de pollo deshuesadas y sin piel
- 1/4 de taza de cilantro picado
- 1 lima exprimida
- 1 aguacate en rodajas
- 1 cucharada de aceite de oliva
- 1 cebolla picada
- 3 dientes de ajo grandes picados
- 1 jalapeño sin pepitas y cortado en dados
- 1 cucharadita de comino molido
- 1 cucharadita de chile en polvo
- 14,5 onzas de tomates triturados

44

- 1 lata de tomates picados con chiles
- 3 tazas de caldo de pollo
- 14.5 onzas de frijoles negros, escurridos y enjuagados

Tiras de tortilla crujiente

- 1/4 de taza de aceite de oliva
- Sal
- 6 tortillas de maíz de 6 pulgadas cortadas en tiras de 1/4 de pulgada

PREPARACIÓN

- A fuego medio-alto, calienta 1/4 de taza de aceite de oliva en una sartén pequeña.
- Añade las tiras de tortilla en pequeñas tandas y fríelas hasta que estén crujientes.
- Escurre y añade un poco de sal.
- En una olla grande a fuego medio, calienta el aceite de oliva y añade el ajo, la cebolla, el jalapeño y la cebolla, luego cocina hasta que se ablanden.
- Añade el resto de los ingredientes y cocina a fuego lento hasta que el pollo esté bien cocido, durante unos 20 minutos.
- Retira el pollo y desmenúzalo.
- Vuelve a añadirlo a la olla y cocina a fuego lento durante sólo 3 minutos.
- Sirve la sopa en tazones.
- Cubre con trozos de lima, tiras de tortilla y rodajas de aguacate.
- Sirve y disfruta.

NOTA:

Esta receta de sopa de tortilla de pollo es perfecta para congelar, porque no contiene lácteos y se recalienta muy bien. Enfría la sopa completamente y guárdala en un recipiente apto para el congelador. En un recipiente hermético, aguantará en el frigorífico entre 3 y 4 días. Para recalentarla, viértela en una cacerola a fuego medio-bajo, removiendo hasta que se caliente.

TIEMPO DE PREPARACIÓN: 10 min

TIEMPO DE COCCIÓN: 30 min

TIEMPO TOTAL: 40 min

PORCIONES: 8 porciones

ENSALADA DE POLLO Y BRÓCOLI

La ensalada de pollo y brócoli es tan fácil, cremosa y sencilla de hacer. Esta comida saludable es la mejor para ti si eres un fanático de las verduras. Es súper nutritiva y también increíblemente versátil. Lo ideal es que te mantengas alejado de la comida basura y procesada si eres un paciente diabético. También es aconsejable evitar los alimentos azucarados. Por eso te presento esta ensalada de pollo y brócoli.

¡Que la disfruten!

INGREDIENTES

■ 1/4 de taza de vinagre de sidra de manzana

- 1/4 de taza de azúcar blanco

- 1/4 de taza de tocino cocido desmenuzado

- 8 tazas de ramilletes de brócoli

- 3 mitades de pechuga de pollo cocida sin piel y sin hueso, cortadas en cubos

- 1 taza de nueces picadas

- 6 cebollas verdes picadas

- 1 taza de mayonesa

PREPARACIÓN

- Combina el pollo, el brócoli, las nueces y las cebollas verdes en un bol grande.

- Bate en un bol el vinagre, la mayonesa y el azúcar hasta que estén bien mezclados.

- Vierte el aderezo de mayonesa sobre la mezcla de brócoli y mézclalo para cubrirlo.

- Tapa y refrigera hasta que se enfríe, si te apetece.

- Para servir: espolvorea con tocino desmenuzado.

- Sirve y disfruta.

NOTA:

Guárdala, tapada, en el frigorífico hasta el momento de servirla, para que el aliño tenga tiempo de enfriarse y los sabores se mezclen. La ensalada de brócoli puede conservarse, tapada, en el frigorífico durante varios días.

TIEMPO DE PREPARACIÓN: 15 min

TIEMPO DE COCCIÓN: 0 min

TIEMPO TOTAL: 1 hora 15 min

PORCIONES: 10 porciones

ENSALADA DE FRIJOLES
NEGROS

Hay que probar una ensalada diferente cada día. Esta ensalada de frijoles negros es una ensalada de almuerzo muy sabrosa y satisfactoria. Me encanta esta combinación de verduras y frijoles. Es una comida completa que es sabrosa, saludable y súper fácil de hacer.

Lo más interesante de esta comida es que es excelente cuando se enfría o se calienta. *¡Está muy bueno!*

INGREDIENTES

- 1 aguacate sin pepitas, pelado y cortado en trozos
- De 1/2 a 1 cucharadita de azúcar (al gusto)
- Sal y pimienta al gusto

- 1/2 taza de cilantro fresco picado

- 1 1/2 tazas de frijoles negros recién cocidos (o 1 lata (15 onzas) de frijoles negros, escurridos y enjuagados)

- 1 1/2 tazas de maíz congelado, descongelado (o maíz fresco, escurrido, sancochado y enfriado, o enfriado y asado)

- 1/2 taza de chalotas o cebollas verdes picadas (incluidas las cebollas verdes)

- 2 cucharadas de zumo de lima (aproximadamente el zumo de una lima)

- 1 cucharada de aceite de oliva virgen extra

- 1/2 chile jalapeño fresco, picado y sin semillas, o 1/2 chile jalapeño en vinagre, picado (sin semillas)

- 3 tomates frescos sin semillas y picados y/o 1 pimiento rojo picado y sin semillas

PREPARACIÓN

- Mezcla el maíz, los frijoles negras, los jalapeños picados, las cebollas verdes picadas, los tomates picados o el pimiento rojo, el aceite de oliva y el zumo de lima en un bol grande.

- Incorpora suavemente el aguacate picado.

- Añade pimienta y sal al gusto.

- Espolvorea con azúcar al gusto (azúcar suficiente para equilibrar la acidez del zumo de lima).

- Enfría antes de servir.

- Añade el cilantro fresco picado.

- Sirve y disfruta.

NOTA:

Para conservarla, refrigera la ensalada de judías en recipientes herméticos. Bien almacenada, la ensalada de frijoles durará de 3 a 5 días en el refrigerador.

TIEMPO DE PREPARACIÓN: 20 min

TIEMPO DE COCCIÓN: 0 min

TIEMPO TOTAL: 20 min

PORCIONES: 6 porciones

ENSALADA DE COL RIZADA CON ADEREZO DE LIMÓN

Esta es una ensalada vegetariana, baja en carbohidratos, que podría no sonar como una comida de relleno, pero está cargada de verduras de hoja verde y proteínas que te impulsarán a través de tu día. Como todos sabemos, la col rizada es uno de esos alimentos que es increíblemente saludable, pero la mayoría de la gente siempre tiene miedo de probar. Dando un paso para probar esta receta es una gran manera de conseguir más verduras en tu dieta. Esta ensalada de col rizada con aderezo de limón es deliciosa y realmente fácil de preparar.

INGREDIENTES

Aderezo de limón:

- 1 diente de ajo picado

- 1 cucharadita de orégano seco

- 1/2 taza de aceite de oliva virgen extra

- 1/4 de taza de zumo de limón

- Sal y pimienta al gusto

Ensalada de col rizada

- 1/2 cebolla roja cortada en rodajas finas

- 1/2 taza de queso feta desmenuzado

- 1 pinta de tomates cherry o uva cortados por la mitad

- 1 manojo grande de unas 10 onzas (o 3-4 tazas de hojas de col rizada), finamente picado

- 1 pepino sin pepitas y cortado en dados

PREPARACIÓN

Preparación del aderezo de limón:

- Mezcla el zumo de limón, el ajo, el aceite de oliva, la sal, el orégano y la pimienta en un bol pequeño o mediano.

- Bátelo hasta que esté bien combinado.

Preparación de la ensalada de col rizada:

- Junta todos los ingredientes picados en un bol grande y combínalos.

- Vierte el aliño sobre la ensalada y mézclalo todo.

- Espolvorea con un poco de queso feta justo antes de servir.

- Puedes guardar la ensalada aliñada y preparada en la nevera hasta 2 días.

- Sirve y disfruta.

NOTA:

Puedes guardar esta ensalada en un recipiente hermético en la nevera hasta 7 días.

TIEMPO DE PREPARACIÓN: 10 min

TIEMPO DE COCCIÓN: 0 min

TIEMPO TOTAL: 10 min

PORCIONES: 4 porciones

SOPA DE ZANAHORIA Y JENGIBRE

La sopa de zanahoria y jengibre es una comida fácil de preparar y una forma estupenda de añadir verduras nutritivas y llenas de fibra a su dieta. Si tienes diabetes, cuantas más verduras comas, mejor. Esta comida es baja en carbohidratos y calorías, lo que es imprescindible para las personas con diabetes.

Está lleno de muchas cosas buenas que tu cuerpo necesita, como vitaminas, antioxidantes, minerales e incluso fibra. Esta comida no sólo ofrece fragancia y color, sino que también es ligera y calmante.

INGREDIENTES

- 1 cucharada de vinagre de sidra de manzana

- De 3 a 4 tazas de caldo de verduras

- Sal marina y pimienta negra fresca

- 1 cucharada de aceite de oliva virgen extra

- 1 taza de cebollas amarillas picadas

- 3 dientes de ajo machacados

- 2 tazas colmadas de zanahorias picadas

- 1 - 1/2 cucharadita de jengibre fresco rallado

- 1 cucharadita de jarabe de arce, o al gusto (opcional)

- leche de coco para decorar, opcional

- cucharadas de pesto, opcional

PREPARACIÓN

- En una olla grande, calienta el aceite de oliva a fuego medio.

- Añade las cebollas y una pizca de sal y pimienta.

- Cocina hasta que se ablanden, removiendo de vez en cuando, durante unos 8 minutos.

- Añade a la olla los dientes de ajo machacados y las zanahorias picadas.

- Cocina otros 8 minutos, removiendo de vez en cuando.

- Incorpora el jengibre y añade el vinagre de sidra de manzana.

- A continuación, añade de 3 a 4 tazas de caldo.

- Reduce a fuego lento y cocina durante unos 30 minutos, hasta que las zanahorias estén blandas.

- Deja que se enfríe un poco y pásalo a una batidora.

- Tritura hasta que quede suave.

- Prueba y ajusta los condimentos.

- Añade sirope de arce si te apetece.

- Sírvelo con una cucharada de pesto o un chorrito de leche de coco.

- Disfruta.

NOTA:

Las sobras de la sopa de zanahoria y jengibre pueden congelarse para una comida rápida y sencilla más adelante. Aunque las sopas con crema a veces se separan cuando se descongelan y recalientan debido a la base de crema, se puede remediar con una mezcla cuidadosa. Si vas a congelar la sopa, deja que se enfríe a temperatura ambiente y luego pásala a bolsas de congelación de un cuarto de galón (de las resistentes, por favor). Congélalas en plano y luego se apilan muy bien en tu nevera. Recalentar la sopa es fácil. Deja que se descongele lentamente o sumérgela en agua caliente para que se descongele más rápido.

TIEMPO DE PREPARACIÓN: 15 min

TIEMPO DE COCCIÓN: 30 min

TIEMPO TOTAL: 45 min

PORCIONES: 4 porciones

ENSALADA DE CAMARONES

La ensalada de gambas es un almuerzo ligero perfecto. Cargada de ingredientes saludables como pimienta negra, cebolla, apio y sal kosher. Seguro que combina todos tus ingredientes favoritos en un solo bol, ¿verdad?

Este es un plato satisfactorio que tiene todo el crujido con mucha menos grasa. Cuando tomas un bocado, muerdes una ensalada de camarones perfectamente crujiente.

INGREDIENTES

Para la ensalada:

- Pimienta negra recién molida
- 1/4 de cebolla roja finamente picada
- 1 tallo de apio finamente picado
- 1 libra de camarones, desvenados y pelados

- 1 cucharada de aceite de oliva virgen extra

- Sal Kosher

- 2 cucharadas de eneldo fresco picado

- Pan tostado o lechuga romana, para servir

Para el aderezo:

- 1/2 taza de mayonesa

- Jugo y cáscara de 1 limón

- 1 cucharadita de mostaza de Dijon

PREPARACIÓN

- Precalienta el horno a 400 grados F.

- Mezcla las gambas con aceite en una bandeja de horno grande.

- Condimenta con pimienta y sal.

- Hornea durante unos 5 minutos, hasta que las gambas estén completamente opacas.

- Bate la mayonesa, la ralladura, el zumo de limón y el Dijon en un bol grande.

- Condimenta con pimienta y sal.

- Añade al bol las gambas cocidas, el apio, la cebolla roja y el eneldo.

- Mezcla hasta que estén bien combinados.

- Sirve sobre la lechuga y disfruta.

NOTA:

Si se conserva correctamente en un recipiente hermético, puede durar hasta 3 días en la nevera.

TIEMPO DE PREPARACIÓN: 5 min

TIEMPO DE COCCIÓN: 0 min

TIEMPO TOTAL: 20 min

PORCIONES: 2 porciones

TOFU CRUJIENTE

MI RECETA **EXTRA**

Esta es una de las mejores recetas de tofu crujiente para el almuerzo. Utiliza poco aceite y se hornea a la perfección. Puede ser perfecto para picar algo.

Es muy fácil de hacer, muy crujiente y está hecho con ingredientes saludables. El aceite de sésamo utilizado en esta receta le da un sabor muy agradable (por cierto, puedes utilizar aceite de aguacate / de oliva - es tu elección).

Espero que lo disfrutes.

INGREDIENTES

- 1/4 de cucharadita de ajo en polvo
- 1/4 de cucharadita de jarabe de arce puro
- 1/4 de cucharadita de vinagre de vino de arroz
- 1 cucharada de aceite de sésamo tostado, o su aceite favorito
- 1 recipiente (14 onzas) de tofu extra firme, prensado y secado con palmaditas durante al menos 15 minutos
- 1 cucharadita de salsa de soja o tamari
- 2 cucharaditas de almidón de maíz o polvo de arrurruz

PREPARACIÓN

- Precalienta el horno a 400 grados F.
- Bate el tamari o la salsa de soja, el aceite de sésamo, el sirope de arce, el ajo en polvo y el vinagre en un bol mediano.

- Corta el tofu prensado en trozos del tamaño de un bocado.

- Coloca los trozos en la mezcla de aceite.

- Remueve el tofu con una cuchara o espátula, asegurándote de que está completamente cubierto.

- Espolvorea 1 cucharadita del polvo de arrurruz y mezcla bien hasta que todo el tofu esté cubierto.

- Espolvorea el resto del polvo de arrurruz y mezcla con cuidado hasta que ya no se vea el polvo blanco seco.

- Utiliza papel de pergamino o antiadherente para forrar una bandeja de horno grande.

- Vierte el tofu en la bandeja de horno y colócalo de forma que los trozos no se toquen entre sí.

- Hornea el tofu hasta que esté crujiente y dorado, durante unos 25 minutos, removiendo 2 ó 3 veces durante la cocción.

- Deja que el tofu repose unos minutos para que esté aún más crujiente antes de disfrutarlo.

- Sirve y disfruta.

NOTA:

Aunque el tofu crujiente está ligeramente sazonado, se beneficia de una salsa. Es mejor cuando está fresco, pero puede guardarse en el frigorífico hasta 3 días. Vuelve a calentar en un horno de 375 grados F (190 C) hasta que esté bien caliente.

TIEMPO DE PREPARACIÓN: 15 min

TIEMPO DE COCCIÓN: 30 min

TIEMPO TOTAL: 35 min

PORCIONES: 4 porciones

SOPA DE ESPINACAS CON PESTO Y POLLO

MI RECETA **EXTRA**

Esta sopa procede de Italia. Es una sopa de sabor fragante que aprovecha los ingredientes de cocción rápida. Lleva un sencillo pesto casero que añade un sabor a hierbas frescas a la comida.

Puedes sustituirlo por unas 3 cucharadas de pesto comprado en la tienda si no puedes esperar a preparar esta comida. ¡Prepara, sirve y disfruta!

INGREDIENTES

- 1 diente de ajo grande, picado
- 1/8 de taza de hojas de albahaca fresca ligeramente empaquetadas
- Pimienta recién molida al gusto
- 5 tazas de caldo de pollo reducido en sodio
- 1 1/2 cucharaditas de mejorana seca
- 6 onzas de espinacas baby, picadas gruesas
- 2 cucharaditas con 1 cucharada de aceite de oliva extra virgen, divididas
- 1/2 taza de zanahoria o pimiento rojo picado
- 1 pechuga de pollo grande deshuesada y sin piel (unas 8 onzas), cortada en cuartos

- 1 lata de 15 onzas de alubias cannellini o alubias blancas, enjuagadas

- 1/4 de taza de queso parmesano rallado

- 3/4 de taza de picatostes de grano liso o de hierbas para decorar (opcional)

PREPARACIÓN

- En una cacerola grande, calienta 2 cucharadas de aceite a fuego medio-alto.

- Añade la zanahoria o el pimiento con el pollo juntos.

- Cocina, dando la vuelta al pollo y removiendo de vez en cuando, durante unos 3 minutos, hasta que el pollo empiece a dorarse.

- Añade el ajo y cocina, removiendo, durante 1 minuto más.

- Incorpora la mejorana y el caldo.

- Lleva a ebullición a fuego fuerte y reduce el fuego.

- Cocina a fuego lento, removiendo de vez en cuando, durante unos 5 minutos hasta que el pollo esté bien cocido.

- Pasa los trozos de pollo a una tabla de cortar limpia para que se enfríen con una espumadera.

- Añade las alubias y las espinacas a la olla y llévala a ebullición.

- Cocina durante 5 minutos para que se mezclen los sabores.

- En un procesador de alimentos, combina el parmesano, 1 cucharada de aceite y la albahaca.

- Procesa hasta que se forme una pasta gruesa, añadiendo un poco de agua y raspando los lados.

- Corta el pollo en trozos pequeños.

- Incorpora el pesto y el pollo a la olla.

- Sazona con pimienta y calienta hasta que esté caliente.

- Adorna con picatostes, si te apetece.

- Sirve y disfruta.

NOTA:

Guárdalo en un recipiente limpio, envuelto con papel de cocina, de 3 a 5 días. Colócalo en el frigorífico, en el cajón de las verduras, para conservarlas hasta diez días. Las toallas de papel absorben la humedad y la mantienen fresca.

TIEMPO DE PREPARACIÓN: 10 min

TIEMPO DE COCCIÓN: 20 min

TIEMPO TOTAL: 30 min

PORCIONES: 5 porciones

RECETAS PARA LA CENA

LENTEJAS FRANCESAS

Esta es una de mis recetas de cena para diabéticos favoritas porque ayuda a estabilizar tus niveles de azúcar en la sangre. Las lentejas francesas están llenas de carbohidratos complejos que pueden ayudarte con el 25% de proteínas si tienes diabetes.

Las lentejas francesas también mejoran el flujo de la sangre, previenen las enfermedades del corazón y protegen las paredes de las arterias.

INGREDIENTES

- 2 1/4 tazas de lentejas francesas
- 3 cucharadas de aceite de oliva o vegetal
- 1 cucharadita de tomillo seco o fresco

- 3 hojas de laurel

- 1 cucharada de sal kosher

- 1 cebolla, pelada y picada finamente

- 2 dientes de ajo, pelados y picados finamente

- 1 zanahoria, pelada y picada finamente

PREPARACIÓN

- Pon una cacerola grande a fuego medio y añade aceite.

- Añade las verduras picadas cuando estén calientes y saltéalas de 5 a 10 minutos, hasta que se ablanden.

- Añade las lentejas, 6 tazas de agua, el tomillo, la sal y las hojas de laurel.

- Lleva a ebullición y reduce a fuego rápido.

- Cocina a fuego lento de 20 a 25 minutos hasta que estén tiernas y hayan absorbido la mayor parte del agua.

- Escurre el exceso de agua una vez cocidas las lentejas, si es necesario.

- Sirve inmediatamente y disfruta.

NOTA:

Las lentejas cocidas, almacenadas adecuadamente, duran de 3 a 5 días en el frigorífico. Las lentejas cocidas deben desecharse si se dejan fuera más de 2 horas a temperatura ambiente.

TIEMPO DE PREPARACIÓN: 15 min

TIEMPO DE COCCIÓN: 25 min

TIEMPO TOTAL: 40 min

PORCIONES: 4 porciones

FAJITAS DE POLLO

Esta es una deliciosa receta de Fajitas de Pollo que es súper genial para una comida entre semana. Están cargadas de muchos ingredientes ligeros, sabor y son perfectas si estás siguiendo la dieta de la diabetes.

Son fáciles y rápidos de hacer, y la limpieza es bastante rápida también.

INGREDIENTES

- 2 cucharaditas de condimento para fajitas
- 1 pimiento verde cortado en tiras
- 1 pimiento rojo, cortado en tiras
- 1 diente de ajo, picado
- 1 taza de cebolla cortada en rodajas

- 2 pechugas de pollo deshuesadas y sin piel, cortadas en tiras
- 4 tortillas integrales bajas en carbohidratos, calentadas

PREPARACIÓN

- Rocía una sartén grande con spray de cocina.

- Cocina el ajo, los pimientos y la cebolla a fuego medio hasta que estén tiernos, durante unos 6 a 8 minutos, removiendo de vez en cuando.

- Retira a un plato.

- Añade el pollo y el condimento para fajitas; cocina hasta que deje de estar rosa en el centro, durante unos 5 minutos.

- Vuelve a poner las verduras en la sartén y cocínalas hasta que se calienten, de 2 a 4 minutos más.

- Reparte la mezcla de fajitas de forma uniforme en las tortillas.

- Sirve inmediatamente y disfruta.

NOTA:

Cuando se almacena en el refrigerador en un recipiente hermético, esta receta puede durar fácilmente hasta 4-6 días, lo que hace que el pollo sea una gran opción para la preparación de tus comidas.

TIEMPO DE PREPARACIÓN: 10 min

TIEMPO DE COCCIÓN: 15 min

TIEMPO TOTAL: 25 min

PORCIONES: 4 porciones

ARROZ CON VERDURAS

El arroz tiene un alto contenido de carbohidratos, pero algunos tipos de arroz, como el arroz integral, son un alimento integral.

Este tipo de arroz vegetariano es extremadamente alto en carbohidratos porque está cargado de verduras. La adición de verduras no sólo aumenta su valor vitamínico, sino que también aporta mucha fibra que evita una rápida subida de los niveles de azúcar en sangre después de la comida.

INGREDIENTES

- 4 cucharadas de aceite

- 2 tazas de agua

- 1 taza de arroz basmati

- 1 cebolla pequeña finamente picada

- 1/2 taza de verduras congeladas. Puedes usar una mezcla de maíz, zanahorias, guisantes y judías verdes

- Sal y pimienta al gusto

PREPARACIÓN

- Calienta el aceite en una olla y fríe la cebolla hasta que esté transparente.

- Añade el pimiento, las verduras congeladas, la sal y cocina durante 5 minutos.

- Añade el agua y tapa la olla.

- Lleva el agua a ebullición y añade el arroz.

- Cocina a fuego medio-alto hasta que el arroz esté casi cocido y la mayor parte del agua se haya evaporado.

- Baja el fuego y tapa el arroz.

- Deja que el arroz se cocine al vapor hasta que esté completamente cocido, durante unos 5 minutos.

- Retira del fuego y utiliza un tenedor para esponjar el arroz.

- Sírvelo inmediatamente.

- Disfruta.

NOTA:

Para conservar el arroz vegetal, lo mejor es congelarlo lo antes posible después de cocinarlo. Envasa el arroz vegetal en un recipiente apto para microondas en cuanto esté cocido. Cuando se enfríe, sella el recipiente y mételo en el congelador. Puedes conservar el arroz en el congelador hasta un mes y seguirá conservando su humedad y sabor, pero no deberías dejarlo en el congelador mucho más tiempo.

TIEMPO DE PREPARACIÓN: 5 min

TIEMPO DE COCCIÓN: 20 min

TIEMPO TOTAL: 25 min

PORCIONES: 4 porciones

BROCHETAS DE ATÚN A LA PARRILLA

Prueba las brochetas de atún a la parrilla cuando quieras cocinar fuera. Lleva hierbas frescas y zumo de lima que alegran estas brochetas de atún.

Disfruta del clima cálido con esta saludable receta de brochetas de atún a la parrilla. Son una opción inteligente si sigues una dieta para diabéticos, y tan deliciosas como para toda la familia.

INGREDIENTES

- 3 cucharadas de zumo de lima fresco (de 2 limas)
- Pimienta recién molida y sal gruesa.

- 1 1/2 libras de atún de aleta amarilla de grado sushi (cortado en cubos de 1 1/2 pulgadas)

- 1/4 de taza más 2 cucharadas de aceite de oliva extra virgen

- 3 cucharadas de cilantro fresco picado

PREPARACIÓN

- Calienta una sartén a fuego medio.

- Mezcla el atún con 1 cucharada de aceite.

- Ensarta el atún en 4 brochetas.

- Combina el zumo de lima, el cilantro y 1/4 de taza de aceite.

- Condimenta con pimienta y sal.

- Reserva unas 3 cucharadas.

- Unta la sartén con la cucharada de aceite restante.

- Asa el atún, dándole la vuelta a las brochetas y rociando de vez en cuando el atún con la salsa de lima, durante unos 2 minutos por cada lado para que esté poco hecho o hasta el punto deseado.

- Pasa las brochetas a un plato para servir.

- Unta con la salsa de lima reservada.

- Sirve inmediatamente y disfruta.

NOTA:

Si ha permanecido más de dos horas a temperatura ambiente, tírala. En un día más caluroso (por encima de los 90 grados Fahrenheit), hazlo una hora. Si no has sobrepasado el límite de tiempo, colócalo en una cazuela poco profunda con cuidado de no sobrecargarlo. Tápalo y colócalo cerca de la parte superior del frigorífico. Consúmelo en pocos días o tíralo.

TIEMPO DE PREPARACIÓN: 15 min

TIEMPO DE COCCIÓN: 0 min

TIEMPO TOTAL: 20 min

PORCIONES: 4 porciones

TACOS DE PAVO PICANTE

Los tacos pueden ser sabrosos y admisibles en tu dieta. Añade todas las verduras que puedas para completarlos. Es una receta muy versátil que utiliza pavo molido para reducir las calorías. Además, permite hacer tacos ligeros y saludables, simples y sencillos.

Esta receta de tacos también es fácil de preparar, saludable y deliciosa al mismo tiempo. ¿Buscas una receta para cenar que esté llena de sabor? entonces esta es la receta adecuada para ti. ¡Pruébala y quedarás maravillado!

INGREDIENTES

- 1/2 cucharadita de comino molido
- 2 tazas de lechuga rallada

- 8 tacos
- 1/2 cucharadita de orégano seco
- 1/2 cucharadita de pimentón
- 1/2 cucharadita de canela molida
- 1 libra de pavo molido extra magro
- 1 cebolla roja pequeña, finamente picada
- 1 taza de salsa
- 1/2 taza de queso pepper jack rallado
- 1/4 de taza de crema agria sin grasa
- Aguacate en cubos y salsa extra, opcional

PREPARACIÓN

- Calienta los tacos según las instrucciones del paquete.
- Cocina el pavo y la cebolla en una sartén grande antiadherente a fuego medio hasta que la carne ya no esté rosada.
- Incorpora las especias y la salsa.
- Caliéntalo todo y sírvelo inmediatamente.
- Rellena cada una de las cáscaras de los tacos con 1/3 de taza de la mezcla de pavo si quieres servir.
- Sirve con queso, lechuga o crema agria si te apetece.
- Disfruta.

NOTA:

Para conservar esta deliciosa receta, enfríala por completo y luego métela en bolsas de congelación Ziploc. Asegúrate de eliminar todo el aire de la bolsa antes de sellarla. Etiqueta la bolsa y la cantidad de Taco Meat que has puesto en ella. Para descongelarla, sólo tienes que sacarla del congelador y dejarla descongelar toda la noche en la nevera. O puedes pasar la bolsa por agua fría hasta que se afloje lo suficiente como para sacarla de la bolsa. Caliéntala en la cocina o en el microondas y úsala.

TIEMPO DE PREPARACIÓN: 15 min

TIEMPO DE COCCIÓN: 0 min

TIEMPO TOTAL: 25 min

PORCIONES: 4 porciones

QUINOA CON LIMA Y CILANTRO

La quinoa tiene más proteínas que cualquier otro grano. Se trata de una receta refrescante que tiene un buen sabor y que también compensa una cena sustanciosa. Además de ser muy nutritiva, la quinoa tiene un índice glucémico muy bajo y no contiene gluten, lo que ayuda a mantener el azúcar en la sangre bajo control.

La buena noticia de esta receta es que incluso ayuda a reducir el peso y está llena de sabor refrescante.

INGREDIENTES

- 1 mango, cortado en dados y pelado
- 1 chile jalapeño cortado en dados
- 1/4 de cucharadita de sal

- 1 aguacate, pelado, sin hueso y cortado en dados

- 1 1/2 cucharadas de zumo de lima

- 2 cucharadas de cilantro fresco picado

- 1 cucharada de aceite de oliva

- 2 dientes de ajo, picados

- 1/2 cebolla roja picada

- 1 taza de quinoa, enjuagada y escurrida

- 1 1/2 tazas de caldo de pollo bajo en sodio

- 1 taza de maíz

PREPARACIÓN

- En una cacerola, calienta el aceite de oliva a fuego medio

- Cocina y remueve el ajo hasta que esté fragante durante aproximadamente 1 minuto.

- Añade el chile jalapeño, la cebolla y la sal.

- Cocina y remueve durante unos 5 a 10 minutos, hasta que la cebolla esté tierna.

- Añade la quinoa y cocina durante 2 minutos hasta que esté ligeramente dorada.

- Vierte el caldo de pollo y lleva a ebullición.

- Reduce el fuego a bajo y cuece a fuego lento durante unos 15 minutos hasta que se absorba el caldo.

- Incorpora el mango, el maíz, el zumo de lima, el aguacate y el cilantro a la mezcla de quinoa.

- Sirve inmediatamente y disfruta.

NOTA:

Considera la posibilidad de congelar las sobras para una guarnición fácil para futuras comidas. Simplemente deja que la quinoa se enfríe completamente antes de congelarla.

TIEMPO DE PREPARACIÓN: 20 min

TIEMPO DE COCCIÓN: 25 min

TIEMPO TOTAL: 45 min

PORCIONES: 6 porciones

PATATAS CON VERDURAS ASADAS

MI RECETA **EXTRA**

¿Sabes que puedes comer una ración saludable de verduras asadas con patatas? Esta receta está cargada de verduras y es muy fácil de preparar. Se puede hacer con un día de antelación. Lo que tienes que hacer al día siguiente es simplemente "recalentar" antes de servir. Puedes utilizar zumo de limón si no tienes vinagre balsámico a mano. Por cierto, las personas con diabetes deben tener en cuenta las porciones de patata que consumen. No debería ser demasiado.

INGREDIENTES

- 1 cebolla roja, cortada en cuartos
- 1 cucharada de tomillo fresco picado
- 2 cucharadas de romero fresco picado
- 1/4 de taza de aceite de oliva
- 2 cucharadas de vinagre balsámico
- 1 calabaza pequeña, cortada en cubos
- 2 pimientos rojos, sin pepitas y cortados en dados
- 1 batata, pelada y cortada en cubos
- 3 patatas Yukon Gold, cortadas en cubos
- Sal y pimienta negra recién molida

PREPARACIÓN

- Precalienta el horno a 475 grados F.

- Mezcla los pimientos rojos, la calabaza, las patatas Yukon gold y el boniato en un bol grande.

- Separa los cuartos de cebolla roja en trozos y añádelos a la mezcla.

- Mezcla el romero, el tomillo, el vinagre, la sal, el aceite de oliva, la pimienta y la sal en un bol pequeño.

- Revuelve con las verduras hasta que estén cubiertas.

- Repártelas uniformemente en una bandeja de asar grande.

- Asa durante unos 35 minutos en el horno precalentado, hasta que las verduras estén bien cocidas y doradas, dándoles la vuelta cada 10 minutos.

- Sirve y disfruta.

NOTA:

Refrigere las patatas en recipientes herméticos poco profundos o en bolsas de plástico con cierre. Las patatas cocidas con verduras asadas almacenadas correctamente durarán de 3 a 5 días en el frigorífico.

TIEMPO DE PREPARACIÓN: 15 min

TIEMPO DE COCCIÓN: 40 min

TIEMPO TOTAL: 55 min

PORCIONES: 12 porciones

STROGANOFF DE
CHAMPIÑONES

MI RECETA **EXTRA**

Puede que la foto no parezca apetitosa, pero es tan buena. Se trata de una receta para diabéticos tan rica, espesa y que se puede comer en la cena.

Esta receta es una comida estupenda para los diabéticos, ya que contienen una cantidad muy baja de carbohidratos, lo que significa que no elevan los niveles de azúcar en sangre. También tienen un índice glucémico muy bajo.

INGREDIENTES

- 3 dientes de ajo picados
- 4 cucharaditas de tomillo fresco picado
- 2 1/2 cucharadas de harina para todo uso
- 2 tazas de caldo de carne
- 2 cucharadas de hojas de perejil fresco picado
- 8 onzas de conchas de pasta medianas
- 3 cucharadas de mantequilla sin sal
- 1 1/2 libras de champiñones cremini, cortados en rodajas finas
- 2 chalotas grandes, cortadas en dados
- Sal Kosher y pimienta negra recién molida, al gusto
- 1 1/2 cucharaditas de mostaza de Dijon

- 3/4 de taza de crema agria

- 2/3 de taza de parmesano recién rallado

PREPARACIÓN

- Cuece la pasta según las instrucciones del paquete en una olla grande de agua hirviendo con sal. Escúrrela bien.

- En una sartén grande, derrite la mantequilla a fuego medio-alto.

- Añade las chalotas y los champiñones y cocina, removiendo de vez en cuando, hasta que las setas estén doradas y tiernas, durante unos 5 minutos.

- Sazona con pimienta y sal, al gusto.

- Incorpora el tomillo y el ajo, y cocina durante 1 minuto, hasta que estén fragantes.

- Bate la harina y cocina durante 1 minuto, hasta que se dore ligeramente.

- Bate el caldo de carne y el Dijon poco a poco y llévalo a ebullición.

- Reduce el fuego y cuece a fuego lento, removiendo de vez en cuando, hasta que se espese y reduzca ligeramente, durante unos 5 minutos.

- Incorpora la crema agria y la pasta hasta que se caliente, durante unos 2 minutos.

- Incorpora el parmesano durante 1 minuto, hasta que se derrita.

- Añade el perejil y sazona con pimienta y sal al gusto.

- Sirve inmediatamente y disfruta.

NOTA:

Esta salsa stroganoff vegana se conserva en el frigorífico de 2 a 3 días o se puede congelar hasta 2 meses. Recomiendo guardar o congelar la salsa por separado de la pasta en un recipiente cerrado. Cuando la vayas a servir, descongélala toda la noche en la nevera, luego caliéntala en la cocina y sírvela con tu guarnición favorita y hierbas frescas.

TIEMPO DE PREPARACIÓN: 10 min

TIEMPO DE COCCIÓN: 20 min

TIEMPO TOTAL: 30 min

PORCIONES: 4 porciones

RECETAS DE POSTRES

BOLITAS SIN AZÚCAR

Estas deliciosas bolas con mantequilla de maní sin azúcar son la delicia perfecta para compartir con tus familias y amigos. Son bajas en carbohidratos y aptas para diabéticos, ya que están hechas con cero azúcar.

Añadiremos a esta receta una mantequilla de maní sin azúcar. Realmente trabajan juntos en la creación de un delicioso sabor.

INGREDIENTES

- 6 tazas de azúcar en polvo sin azúcar
- 1 cucharadita de extracto de vainilla
- 1 1/2 tazas de mantequilla de maní sin azúcar
- 1 taza de mantequilla muy blanda
- 4 tazas de chips de chocolate sin azúcar

PREPARACIÓN

- Prepara una bandeja para hornear con papel encerado. Apártala.

- Mezcla la mantequilla de maní sin azúcar, el extracto de vainilla y el azúcar en polvo sin azúcar en un bol.

- Forma la mezcla en bolas de 1 a 1,5 pulgadas haciendo rodar la masa en las manos.

- Coloca cada una de las bolas en la bandeja para hornear preparada con cera.

- Coloca las bolas preparadas en el congelador durante unos 25 minutos, hasta que estén duras.

- Derrite el chocolate en el microondas cuando estés listo para sumergir las bolas en el chocolate o utilizando el método de la caldera doble.

- Remueve bien mientras se derrite el chocolate.

- Saca las bolas de mantequilla de maní del congelador y sumerge cada una de ellas en el chocolate. Puedes dejar la zona alrededor de donde pusiste el palillo.

- A continuación, vuelve a colocar cada bola en el papel encerado y refrigéralas.

- Derrite más si te quedas sin chocolate.

- Sirve y disfruta.

NOTA:

Las bolas de buckye deben guardarse en un recipiente hermético en el frigorífico para que se mantengan frescas. Guardadas de esta manera, se conservarán durante aproximadamente 1 mes. También puedes congelar los buckeyes en un recipiente hermético o en una bolsa Ziploc para el congelador durante un máximo de 3 meses.

TIEMPO DE PREPARACIÓN: 20 min

TIEMPO DE CONGELACIÓN: 35 min

TIEMPO TOTAL: 55 min

PORCIONES: 36 bolas

GALLETAS DE MANTEQUILLA DE MANÍ

Creo que una dieta saludable debe incluir absolutamente el postre. Así que si estás buscando la mejor galleta para disfrutar, estas galletas de mantequilla de maní son una forma saludable de satisfacer tu antojo de galletas después de desayunar o comer.

Tienen un buen sabor y se preparan en un tazón con sólo 2 ingredientes para una súper delicia.

INGREDIENTES

- 1/2 cucharadita de bicarbonato de sodio
- 1/2 cucharadita de esencia de vainilla
- 1 taza de mantequilla de maní suave (sin azúcar añadido)

- 1 huevo grande

- 2/3 de taza de eritritol

PREPARACIÓN

- Precalienta el horno a 350 grados F.

- Forra una bandeja de galletas con papel de horno y apártala.

- Añade el eritritol a una batidora y mézclalo hasta que sea polvo. Déjalo a un lado. (Omite este paso si utilizas un edulcorante bajo en carbohidratos).

- En un bol mediano, añade todos los ingredientes y mézclalos hasta que se forme una masa suave y brillante.

- Pasa unas 2 cucharadas de masa por las palmas de las manos para formar una bola, y colócala en la bandeja de galletas preparada. Repite la operación hasta que se consuman las masas. Acabarás teniendo de 12 a 14 galletas.

- Utiliza un tenedor para aplanar las galletas y crear un patrón en forma de cruz en la parte superior.

- Hornea las galletas durante unos 12 minutos.

- Saca del horno y deja que se enfríen en la bandeja de horno, durante unos 25 minutos.

- Pásalas a una rejilla para enfriar durante otros 15 minutos.

- Sirve y disfruta.

NOTA:

A temperatura ambiente, puedes guardar estas galletas en un recipiente hermético hasta 4 o 6 días (durarán más, pero no estarán tan buenas). En el congelador, estas galletas se pueden congelar en un recipiente hermético o en una bolsa de congelación hasta 3 meses.

TIEMPO DE PREPARACIÓN: 5 min

TIEMPO DE COCCIÓN: 15 min

TIEMPO DE REPOSO: 40 min

TIEMPO TOTAL: 1 hora

PORCIONES: 12 bolas

CARAMELO DE CHOCOLATE

MI RECETA **EXTRA**

El dulce de chocolate es una receta sencilla que puedes hacer. Es vegana, baja en carbohidratos, keto e incluso apta para diabéticos.

Puede estar listo para comer con sólo 3 a 5 ingredientes simples. Sólo tienes que dejarlo cuajar muy bien en la nevera durante algunas horas. ¡Espero que lo disfrutes!

INGREDIENTES

- 10 onzas de chips de chocolate agridulce
- *Opcional*: sal marina gruesa o en escamas para la cobertura
- 1 1/2 tazas de mantequilla de coco
- 1 lata (13.66 onzas FL) de leche de coco entera

PREPARACIÓN

- Utiliza papel o lámina para forrar un molde para hornear de 8 por 8 pulgadas.
- Derrite la mantequilla de coco en un cazo pequeño a fuego lento.
- Incorpora las pepitas de chocolate y la leche de coco.
- Cocina a fuego lento, removiendo constantemente, hasta que los trozos de chocolate se hayan derretido.
- Vierte la mezcla en el molde.

- Métalo en el frigorífico durante unas 2 horas, hasta que se cuaje.

- Corta, sirve y disfruta.

NOTA:

Coloca el dulce de chocolate envuelto en un recipiente hermético para protegerlo de la pérdida de humedad, que puede hacer que el dulce se vuelva seco y desmenuzable. Guárdalo a temperatura ambiente durante dos o tres semanas. Transfiérelo al frigorífico si piensas almacenarlo durante más tiempo.

TIEMPO DE PREPARACIÓN: 5 min

TIEMPO DE COCCIÓN: 2 horas

TIEMPO TOTAL: 2 horas 5 min

PORCIONES: 40 cuadrados

CHEESECAKE BAJO EN CARBOHIDRATOS

MI RECETA **EXTRA**

Esta es un cheesecake saludable y bajo en carbohidratos que es simplemente delicioso y muy sencillo de hacer. Esta receta definitivamente satisfará sus antojos de tarta de queso.

Este postre es tan saludable que puedes comerlo como merienda cuando te apetezca sin sentirte culpable en absoluto. Es simplemente perfecto. Una receta perfecta para un tentempié de media mañana o para después del entrenamiento (antes de la comida de la mañana).

INGREDIENTES

- 1 cucharada de Stevia
- 1 cucharadita de extracto de vainilla
- 8,5 onzas de requesón bajo en grasa
- 2 claras de huevo
- 1 cucharada de proteína en polvo de vainilla
- 1 porción de gelatina de fresa sin azúcar
- Agua

PREPARACIÓN

- Precalienta el horno a 325 grados F.
- Prepara la gelatina según las instrucciones del paquete.

- Colócala en el congelador.

- Bate las claras de huevo y el requesón hasta que la consistencia sea suave.

- Vierte la mezcla batida en el bol.

- Bátelo junto con la estevia, la proteína en polvo y el extracto de vainilla.

- Pasa la masa a un molde pequeño antiadherente y hornea durante unos 25 minutos.

- Apaga el horno (pero deja que se enfríe la tarta dentro).

- Saca la tarta de queso una vez que el horno se haya enfriado.

- Viértelo sobre la tarta de queso cuando la gelatina esté casi cuajada.

- Deja que la tarta cuaje en la nevera unas 10 horas antes de disfrutarla.

- Ahora puedes servir y disfrutar.

NOTA:

Basta con cortar los trozos de tarta de queso y colocarlos en trozos individuales de papel de plástico. Envuélvelos bien, colócalos en una bolsa de congelación o en un bol y guárdalos en el congelador hasta 2 semanas. Si pasan más de 2 semanas, perderán calidad.

TIEMPO DE PREPARACIÓN: 10 min

TIEMPO DE COCCIÓN: 50 min

TIEMPO TOTAL: 1 hora

PORCIONES: 2 porciones

PLAN DE COMIDAS PARA DIABÉTICOS DE 30 DÍAS PARA PRINCIPIANTES

PLAN DE COMIDAS PARA DIABÉTICOS (DÍAS 1 - 7)

DÍA	DESAYUNO	ALMUERZO	CENA
1	Mini quiche de verduras	Sopa de tortilla de pollo	Lentejas francesas
2	Shakshuka	Sopa de tortilla de pollo sobrante	Sobras de lentejas francesas
3	Sobras de Shakshuka	Ensalada de pollo y brócoli	Arroz con vegetales
4	Granola saludable	Ensalada de frijoles negros	Fajitas de pollo
5	Sobras de granola saludable	Sopa de tortilla de pollo sobrante	Arroz con vegetales de sobra
6	Muffins de avena con canela y manzana	Ensalada de frijoles negros de sobra	Fajitas de pollo sobrantes
7	Sobras de granola saludable	Ensalada de pollo y brócoli	Sobras de lentejas francesas

PLAN DE COMIDAS PARA DIABÉTICOS (DÍAS 8 - 14)

DÍA	DESAYUNO	ALMUERZO	CENA
8	Tortilla de verduras	Ensalada de col rizada con aderezo de limón	Brochetas de atún a la parrilla
9	Tortilla de verduras	Sopa de zanahoria y jengibre	Tacos de pavo picante
10	Frittata de verduras sobrante	Ensalada de col rizada con aderezo de limón	Brochetas de atún a la parrilla sobrantes
11	Tazas de pimientos con huevo	Ensalada de camarones	Quinoa con lima y cilantro
12	Tazas de pimiento con huevo sobrante	Sopa de zanahoria y jengibre de sobra	Quinoa de Lima con Cilantro sobrante
13	Tazas de pimiento con huevo sobrante	Ensalada de col rizada con aderezo de limón de sobra	Stroganoff de champiñones
14	Tortilla de verduras de sobra	Ensalada de camarones sobrante	Stroganoff de champiñones sobrante

PLAN DE COMIDAS PARA DIABÉTICOS (DÍAS 15 - 21)

DÍA	DESAYUNO	ALMUERZO	CENA
15	Magdalenas de avena con canela y manzana	Tofu crujiente	Patatas con verduras asadas
16	Magdalenas de avena con canela y manzana sobrante	Sopa de espinacas con pesto y pollo	Sobras de patatas con verduras asadas
17	Gachas de coco	Sobras de tofu crujiente	Lentejas francesas
18	Mini quiche de verduras	Sopa de pollo con tortilla	Arroz con verduras
19	Gachas de coco sobrantes	Ensalada de pollo y brócoli	Sobras de lentejas francesas
20	Magdalenas de avena con canela y manzana sobrantes	Ensalada de frijoles negros	Arroz con verduras de sobra
21	Gachas de coco sobrantes	Ensalada de col rizada con aderezo de limón	Arroz con verduras de sobra

PLAN DE COMIDAS PARA
DIABÉTICOS (DÍAS 22 - 30)

DÍA	DESAYUNO	ALMUERZO	CENA
22	Granola saludable	Sopa de pollo con tortilla	Patatas con verduras asadas
23	Tortilla de verduras	Sopa de pollo de tortilla sobrante	Lentejas francesas
24	Shakshuka	Ensalada de col rizada con aderezo de limón	Sobras de patatas con verduras asadas
25	Mini quiche de verduras	Ensalada de frijoles negros	Fajitas de pollo
26	Tortilla de verduras de sobra	Sopa de zanahoria y jengibre	Sobras de lentejas francesas
27	Mini quiche de verduras sobrantes	Ensalada de camarones	Arroz con verduras
28	Sobras de Shakshuka	Sopa de zanahoria y jengibre sobrante	Brochetas de atún a la parrilla
29	Tortilla de verduras	Ensalada de camarones sobrante	Arroz con verduras sobrante

| 30 | Frittata de verduras sobrantes | Tofu crujiente | Brochetas de atún a la parrilla sobrantes |

Si te ha gustado este libro, por favor, hazme saber tu opinión dejando una breve reseña en Amazon. ¡Gracias!

Tabla de contenidos

50 recetas fáciles para diabéticos
(Spanish Version)
by STELLA WATERS

¿Extrañas poder comer algo dulce de vez en cuando?

Un diagnóstico de diabetes suele significar que ya no se pueden comer dulces ni otros postres azucarados nunca más. Este libro está repleto de todo tipo de pasteles, brownies y otros deliciosos postres que le harán desear seguir con su dieta para diabéticos.

Este libro contiene todo lo que ha echado de menos comer, ahora de vuelta con recetas seguras para diabéticos, para que puedas disfrutarlas como antes. Y lo mejor de todo es que tu familia también puede hacerlo; estos postres dulces y salados son tan buenos que la mayoría de la gente no puede notar la diferencia. Lo mejor de todo es que no importa la celebración, las vacaciones o el evento familiar, podrás llevar un postre delicioso y seguro para diabéticos.

Si estás cansado de comer las mismas dietas para diabéticos de siempre, entonces necesitas este libro. Está lleno de toneladas de recetas favoritas de la familia que han sido reelaboradas para que tengan un gran sabor y sean seguras para los diabéticos. A diferencia de otros libros, estas recetas se basan en el sabor, si no saben bien, no están en el libro.

El motivo es que las grandes recetas están pensadas para ser compartidas con los más allegados, sean o no diabéticos. De este modo, usted y su familia pueden comer pasteles y compartir galletas juntos, como lo hacían antes.

¿Qué hay en este libro?

- ➤ Magdalenas
- ➤ Pasteles
- ➤ Galletas
- ➤ Bombas de grasa dulces
- ➤ Postres
- ➤ Bocadillos y golosinas
- ➤ Postres con frutas para diabéticos

■ **Pasteles seguros para diabéticos:**
Todo, desde la tarta de manzana hasta la tarta de crema de limón, todo hecho para que puedas comerlo sin preocupaciones.

■ **Pasteles y brownies seguros para diabéticos:**
Desde las tartas de zanahoria hasta los brownies de chocolate, estas recetas son tan buenas que tanto los diabéticos como los no diabéticos pueden disfrutarlas.

■ **Galletas seguras para diabéticos:**
Desde galletas de banana hasta galletas de jengibre, este libro tiene suficientes recetas de galletas para mantenerte a ti y a tu familia felices durante años.

Gracias por elegir este libro, asegúrate de dejar una breve reseña en Amazon si lo disfrutas. Me encantaría escuchar sus opiniones.

¡Disfruta!😄

Stella Waters

RECETAS DE POSTRES FÁCILES PARA DIABÉTICOS

BOMBAS DE CHOCOLATE

Las Bombas de Chocolate son una receta estupenda para aumentar tu consumo de grasas y ayudarte a satisfacer tus antojos de chocolate. Si necesitas una receta de postre salado para diabéticos, esta Bomba de Grasa es la receta adecuada.

Recomiendo encarecidamente probar este postre. Está repleto de un sabor impresionante y es increíblemente fácil. Para hacer esta receta, todo lo que necesitas es tu nevera o congelador, un bol y una bandeja con papel pergamino.

INGREDIENTES

- 2 cucharadas de crema de leche
- 1 cucharadita de extracto de vainilla
- 2 cucharadas de estevia
- 1/4 de taza de cacao en polvo sin azúcar
- 5 cucharadas de mantequilla de maní natural en trozos
- 6 cucharadas de semillas de cáñamo (sin cáscara)
- 1/2 taza de aceite de coco sin refinar

PREPARACIÓN

- Mezcla la mantequilla de cacahuete, el cacao en polvo y las semillas de cáñamo en un bol grande.
- Añade el aceite de coco a temperatura ambiente y mezcla hasta que se convierta en una pasta.
- Añade la vainilla, la nata y la stevia. Mezclar hasta que se convierta en una pasta de nuevo.
- Haz bolas con el rodillo. Al rodar, debes hacer hasta 12 bolas en total.
- Mete en la nevera, si la pasta es demasiado fina para enrollar, durante unos 30 minutos antes de enrollar.
- Pasa por coco rallado.
- Coloca las bolas sobre papel de pergamino en una bandeja de horno.
- Pon en la nevera durante al menos 30 minutos antes de servir.
- Sirve y disfruta.
- Guarda las sobras en la nevera.

TIEMPO DE PREPARACIÓN: 15 min
TIEMPO DE CONGELACIÓN: 10 min
TIEMPO EN TOTAL: 25 min
PORCIONES: 12 bolas

CHEESECAKE BAJO EN CARBOHIDRATOS

Este saludable cheesecake bajo en calorías es una receta sencilla y deliciosa de hacer. Esta receta de tarta de queso es la respuesta adecuada a sus antojos. Te ayuda a satisfacer tus antojos de tarta de queso sin reventar el presupuesto de calorías de toda la semana.

Para ser una tarta casi sin grasa, calorías o carbohidratos, su sabor es absolutamente increíble. Siempre recibirás grandes elogios cuando la sirvas a tus familiares y amigos preocupados por la salud.

Les encantará. Te lo prometo.

INGREDIENTES

- 1 cucharada de stevia
- 1 cucharadita de extracto de vainilla
- 1 porción de gelatina de fresa sin azúcar
- 8,5 onzas de requesón bajo en grasa
- 2 claras de huevo
- 1 cucharada de proteína de vainilla en polvo
- Agua

PREPARACIÓN

- Precalienta el horno a 325 grados F.
- Prepara la gelatina según las instrucciones del paquete.
- Colócala en el congelador.
- Bate las claras de huevo y el requesón hasta que la consistencia sea suave.
- En un bol, vierte la mezcla batida y bátelo junto con la stevia, la proteína en polvo y el extracto de vainilla.
- En un pequeño molde antiadherente, vierte la mezcla. Hornea durante unos 25 minutos.
- Apaga el horno.
- Deja la tarta en el horno mientras se enfría.
- Saca la tarta de queso del horno una vez que se haya enfriado.
- Viértelo sobre la tarta de queso cuando la gelatina esté casi cuajada (deberías poder removerla).
- Deja que la tarta cuaje en la nevera antes de servirla, durante unas 10 horas como mínimo.
- Sirve y disfruta.

TIEMPO DE PREPARACIÓN: 10 min
TIEMPO DE COCCIÓN: 50 min
TIEMPO EN TOTAL: 1 hora
PORCIONES: 2 porciones

GALLETAS DE MANTEQUILLA DE PROTEÍNA

Creo que una dieta diabética saludable debe incluir absolutamente el postre. Así que, si estás buscando las mejores galletas para disfrutar, estas Galletas de Mantequilla de Cacahuete son una forma saludable de satisfacer tu antojo de galletas después de tomar tu desayuno o comida.

Tienen un buen sabor y se preparan en un tazón con sólo cinco ingredientes para una súper delicia.

INGREDIENTES

- 2/3 de taza de eritritol
- 1/2 cucharadita de bicarbonato de sodio
- 1 taza de mantequilla de cacahuete suave (sin azúcar añadido)
- 1 huevo grande
- 1/2 cucharadita de esencia de vainilla

PREPARACIÓN

- Precalienta el horno a 350 grados F.
- Utiliza papel de horno para forrar una bandeja de galletas y apártala.
- Añada el eritritol en una batidora o nutribullet.
- Mezcla hasta que se convierta en polvo y déjalo a un lado. Puedes omitir este paso si va a utilizar un edulcorante de repostería bajo en carbohidratos.
- En un bol mediano, añade todos los ingredients y mézclalos hasta que se forme una masa lisa y brillante.
- Pasa unas 2 cucharadas de masa entre las palmas de las manos para formar una bola.
- A continuación, coloca en la bandeja de galletas preparada.
- Repite la operación hasta que haya utilizado toda la masa. Deberías tener entre 12 y 15 galletas.
- Aplana las galletas con un tenedor, creando un patrón cruzado en la parte superior.
- Hornea durante unos 12 a 15 minutos.
- Retira del horno.
- Déjalas enfriar en la bandeja del horno durante unos 25 minutos.
- A continuación, pasa a una rejilla para enfriar durante otros 15 minutos.
- Sirve y disfruta..

TIEMPO DE PREPARACIÓN: 5 min
TIEMPO DE COCCIÓN: 15 min
TIEMPO DE CONGELACIÓN: 40 min
TIEMPO EN TOTAL: 1 hora
PORCIONES: 12 porciones

MAGDALENAS DE FRAMBUESA CON CALABAZA

Nadie creerá que esta receta de magdalenas de frambuesa con calabaza es realmente baja en grasas, baja en carbohidratos, sin azúcar y apta para diabéticos. No lo creerán hasta que se lo digas.

Son muy sencillos de preparar y, además, se convertirán en los favoritos de la familia, ya sea para el desayuno, las loncheras o la merienda. Esta receta de postre se puede compartir en las fiestas y te divertirás viendo cómo la gente los come y te elogia.

- 1 taza de puré de calabaza - enlatada
- 1/2 taza de harina de coco
- 3/4 de taza de harina de almendra blanqueada
- 1/2 taza de estevia
- 1/4 cucharadita de sal
- 4 (1/2 taza) de claras de huevo
- 4 yemas de huevo
- 1/2 taza de aceite de coco (derretido)
- 1 1/2 cucharadita de extracto de vainilla
- 1 1/2 taza de frambuesas congeladas
- 10 gotas de stevia líquida
- 3 cucharadas de almidón de arrurruz o tapioca
- 1 cucharada de levadura en polvo
- 1 cucharada de canela
- Una pizca de nuez moscada

PREPARACIÓN

- Precalienta el horno a 350 grados F.
- Utiliza papeles para magdalenas para forrar 12 moldes para magdalenas.
- Mezcla la harina de almendras, la harina de coco, el almidón de tapioca, la estevia, la canela, la levadura en polvo, la sal marina y la nuez moscada en un bol grande hasta que todo esté bien mezclado.
- Incorpora el puré de calabaza, las gotas de estevia, el aceite de coco, la vainilla y las yemas de huevo (mantén las claras de huevo separadas para el siguiente paso) hasta que estén completamente incorporadas.
- Bate las claras de huevo en un cuenco aparte hasta que se formen picos de espuma.
- Incorpora las frambuesas congeladas y las claras de huevo a la masa de las magdalenas.
- En esta fase, asegúrate de no mezclar demasiado la masa, ya que las magdalenas quedarán más densas si lo haces.
- Incorpora suavemente las claras de huevo y las frambuesas a la masa, utilizando una espátula o una cuchara.
- Vierte la masa de las magdalenas en los papeles para magdalenas.
- Alisa la parte superior.
- La masa debe quedar justo en la parte superior de los papeles para magdalenas.
- Mantén los papeles para magdalenas más llenos para compensar que las magdalenas no suben mucho.
- Hornea las magdalenas durante unos 25 minutos.
- La parte superior de las magdalenas estará ligeramente dorada. Además, el palillo debe salir limpio al insertarlo.
- Deja que se enfríen unos 5 minutos en la bandeja de magdalenas antes de colocarlas en una rejilla para que se enfríen por completo.
- Sirve y disfruta.

TIEMPO DE PREPARACIÓN: 10 min
TIEMPO DE COCCIÓN: 25 min
TIEMPO DE REPOSO: 20 min
TIEMPO EN TOTAL: 1 hora

PORCIONES: 12 muffins

PALETAS DE FRESA CON LIMÓN

Estas saludables paletas de fresa con limón tienen todos los deliciosos sabores de una golosina de verano con cero azúcar añadido. Y con sólo cinco ingredientes, tu postre estará listo para consumir.

Lo que hace que esta receta sea única es la avena a la antigua y el requesón bajo en grasa. Aunque las fresas, el extracto de stevia y el zumo de limón son los ingredientes que cabría esperar. Espero que les guste, en serio.

Son una delicia que cualquiera puede sentirse bien comiendo, especialmente para las personas con diabetes como yo.

INGREDIENTES

- 4 onzas de requesón bajo en grasa
- 1 libra y media de fresas
- 1/4 de taza de avena a la antigua usanza
- 4 onzas de zumo de limón, (unos 4 limones)
- 5 gotas de Stevia líquida

PREPARACIÓN

- En un procesador de alimentos o una batidora de gran potencia, pulsa la avena hasta que se convierta en polvo.
- Añade el requesón, las fresas, la estevia y el zumo de limón.
- A continuación, pulsa hasta que quede suave.
- Detén la batidora si es necesario.
- Utiliza una espátula para empujar los INGREDIENTES hacia abajo.
- No añadas ningún líquido.
- Vierte la mezcla en tus 6 moldes de paletas.
- Congela durante al menos 3 horas, hasta que estén sólidos.
- Sirve y disfruta.

TIEMPO DE PREPARACIÓN: 5 min
TIEMPO DE CONGELACIÓN: 3 horas
TIEMPO EN TOTAL: 3 horas 5 min
PORCIONES: 6 porciones

FUDGE DE CHOCOLATE KETO

Este fudge de chocolate keto es tan sencillo y resulta ser keto, vegano, bajo en carbohidratos y apto para diabéticos.

Esta receta es tan peligrosamente fácil, que sólo se necesitan tres simples ingredientes y cinco minutos para que esté listo para comer. Sólo tienes que dejarlo reposar en la nevera durante unas horas. Ya sabes a qué me refiero, ¿verdad? Te encantará así.

El resultado es cremoso, suave y rico. Espero que te guste.

Disfruta..

INGREDIENTES

- 10 onzas de chips de chocolate agridulce
- 1 1/2 tazas de mantequilla de coco
- 1 lata (13.66 onzas FL) de leche de coco entera
- Opcional: sal marina gruesa para la cobertura

PREPARACIÓN

- Utiliza papel de aluminio o papel encerado para forrar un molde para hornear de 8 por 8 pulgadas.
- Derrite la mantequilla de coco a fuego lento en un cazo pequeño.
- Añade las pepitas de chocolate y la leche de coco.
- Cocina a fuego lento, hasta que los trozos de chocolate se hayan derretido.
- Remueve con frecuencia durante la cocción.
- Vierte la mezcla en un molde.
- Opcional: Espolvorea sal marina gruesa o en escamas por encima.
- Métele en el frigorífico durante unas 2 horas, hasta que cuaje.
- Corta en rodajas y disfruta.

TIEMPO DE PREPARACIÓN: 5 min
TIEMPO DE REPOSO: 2 horas
TIEMPO EN TOTAL: 2 horas 5 min
PORCIONES: 40 cuadrados

GALLETAS DE BANANA

No es necesario cambiar nada en absoluto en esta receta. Las galletas sabían un poco a pan de plátano debido a la canela. Esta receta definitivamente competirá con la tuya. Es una gran receta que tienes que probar hoy.

Llenan bastante y son un gran bocadillo a mitad del día. ¿Sabes lo que me encanta de esta receta? Que te puedes volver adicto a ellos. Lol.

Espero que te guste.

INGREDIENTES

- 1 taza de pasas
- 1/3 de taza de yogur natural
- 3 plátanos muy maduros
- 2 tazas de copos de avena
- 1 cucharadita de canela molida

PREPARACIÓN

- Precalienta el horno a 350 grados F.
- Utiliza papel pergamino para forrar las bandejas de galletas.
- En un tazón grande, haz un puré de plátanos.
- Añade las pasas, el yogur, la avena y la canela.
- Mezcle bien.
- Deja que repose durante 15 minutos.
- Deja caer cucharadas de masa con 2 pulgadas de separación en las hojas de galletas preparadas.
- Hornea en el horno precalentado durante unos 20 minutos, hasta que se doren ligeramente.
- Sirve y disfruta.

TIEMPO DE PREPARACIÓN: 10 min
TIEMPO DE REPOSO: 20 min
TIEMPO ADICIONAL: 15 min
TIEMPO EN TOTAL: 45 min
PORCIONES: 12 galletas

GRANIZADO DE FRESA

Puedes preparar esta receta de postre y servirla en cualquier momento. Pero se disfruta mejor durante los períodos de verano. Es extremadamente delicioso y cremoso, pero pesado. Esta receta es una forma estupenda de utilizar la abundancia de fresas de su huerto. Asegúrate de comerlo como un refresco de verano.

Es muy sencillo y asegúrate de dejar tiempo suficiente para la congelación y el batido. Puedes hacerla por la mañana y estará lista para consumir en las noches de verano.

Asegúrate de no omitir el vinagre balsámico. Esto se debe a que añade brillo al plato.

INGREDIENTES

- 1 taza de agua
- 1/2 cucharadita de zumo de limón (opcional)
- 1/4 de cucharadita de vinagre balsámico (opcional)
- 2 libras de fresas maduras, cortadas por la mitad y descascaradas
- 1/3 de taza de azúcar blanco, o al gusto
- 1 pizca de sal

PREPARACIÓN

- Enjuaga las fresas con agua fría.
- Pasa las bayas a una batidora.
- Añade el agua, el azúcar, el zumo de limón, la sal y el vinagre balsámico.
- Para que la mezcla se mueva, tienes que pulsar varias veces.
- Bate durante aproximadamente 1 minuto, hasta que esté suave.
- Vierte en una fuente de horno grande (en la fuente, el puré debe tener unos 3/8 de pulgada de profundidad).
- En el congelador, coloca la fuente sin tapar hasta que la mezcla apenas empiece a congelarse durante unos 45 minutos, por los bordes.
- La mezcla seguirá siendo granulada en el centro.
- Revuelve ligeramente los cristales del borde de la mezcla de granizado en el centro y mézclalos bien con un tenedor.
- Cierra el congelador y enfríalo durante unos 30 ó 40 minutos, hasta que el granizado esté casi congelado.
- Mezcla ligeramente con un tenedor antes de raspar los cristales.
- Repite la congelación y la mezcla con un tenedor hasta que el granizado sea ligero, tenga un aspecto esponjoso y seco, y los cristales estén separados, de 3 a 4 veces.
- Reparte el granizado en pequeños cuencos para servir.
- Sirve y disfruta.

TIEMPO DE PREPARACIÓN: 10 min
TIEMPO DE CONGELACIÓN: 2 horas 10 min
TIEMPO EN TOTAL: 2 horas 25 min
PORCIONES: 8 porciones

MANZANAS HORNEADAS

Esta fácil receta de Manzana al Horno es un gran aperitivo y/o postre. Puedes utilizar cualquier refresco dietético con sabor a fruta que te apetezca.

Esta receta es estupenda con la naranja dietética. Puedes usar Crush de dieta. El olor de la naranja se sentirá al abrir el horno. Batir con nata o yogur de fresa por encima también es una forma estupenda de disfrutar de esta receta.

- 2 tazas de bebida carbonatada dietética con sabor a naranja sin azúcar
- 6 manzanas pequeñas, cortadas por la mitad y sin corazón

PREPARACIÓN

- Precalienta el horno a 350 grados F.
- Coloca las manzanas en una fuente de horno con los lados cortados hacia abajo.
- Sobre las manzanas, vierte la bebida de naranja.
- Hornea en el horno precalentado durante aproximadamente 1 hora, o hasta que las manzanas estén tiernas.
- Sirve y disfruta.

TIEMPO DE PREPARACIÓN: 5 min
TIEMPO DE COCCIÓN: 1 hora
TIEMPO EN TOTAL: 1 hora 5 min
PORCIONES: 6 porciones

PUDÍN DE PLÁTANO Y CHÍA

El pudín de plátano y chía es el tipo de postre para diabéticos que es tan fácil de hacer, es delicioso, y todo lo demás es impresionante. Puedes utilizar leche de soja de vainilla en su lugar y hacer esta receta de forma bastante regular sería genial.

Nunca te arrepentirás. Es un bocadillo fantástico con tantos beneficios para la salud. Es impresionante y delicioso.

Disfruta.

INGREDIENTES

- 3 cucharadas de miel
- 1 cucharadita de extracto de vainilla
- 1/8 de cucharadita de sal marina
- 1 y 1/2 tazas de leche de lino con sabor a vainilla
- 1 plátano grande, cortado en trozos
- 7 cucharadas de semillas de Chai

PREPARACIÓN

- En la licuadora, pon lo siguiente en el orden respectivo: leche, plátano, semillas de chía, miel, extracto de vainilla y sal marina.
- Mézclalo todo hasta que quede suave.
- Vierte la mezcla en un bol.
- Refrigera durante al menos 2 horas, hasta que espese.
- Vierte la mezcla en cuencos pequeños para servir.
- Sirve y disfruta.

TIEMPO DE PREPARACIÓN: 10 min
TIEMPO DE COCCIÓN: 2 horas
TIEMPO EN TOTAL: 2 horas 10 min
PORCIONES: 6 porciones

MANGO MEXICANO

Si quieres disfrutar de este Mango Mexicano, puedes hacerlo por la mañana, enfriarlo y meterlo en la nevera. Luego, en la cena, caliéntalo un par de segundos en el microondas. De hecho, puedes duplicar la receta. Seguro que la añadirás a tus favoritos.

Puedes servirlo con camarones al coco y filete. Es muy agradable y delicioso.

INGREDIENTES

- 1 pizca de sal
- 3 cucharadas de zumo de limón
- 1/4 de taza de agua
- 1 cucharada de chile en polvo
- 1 mango - sin semilla, pelado y en rodajas

PREPARACIÓN

- En una cacerola pequeña, pon agua a hervir.
- Añade la sal, el chile en polvo y el zumo de limón hasta que esté caliente y suave.
- Añade el mango en rodajas y remuévalo para cubrirlo.
- Deja que se impregne de la salsa de chile durante unos minutos antes de servir.
- Sirve y disfruta.

TIEMPO DE PREPARACIÓN: 5 min
TIEMPO DE COCCIÓN: 10 min
TIEMPO EN TOTAL: 15 min
PORCIONES: 2 porciones

HELADO DE BANANA

Por favor, no tires los plátanos cuando estén demasiado maduros. Todo lo que tiene que hacer es pelarlos, envolverlos en plástico y congelarlos. Sólo dos ingredientes es todo lo que necesitas para hacer este placer familiar.

Disfruta.

INGREDIENTES

- 1/2 taza de leche desnatada
- 2 plátanos picados y pelados, congelados

PREPARACIÓN

- Combina 1/4 de taza de leche descremada y plátanos congelados en una licuadora.
- Bate durante unos 30 segundos.
- Añade el 1/4 de taza de leche restante.
- Mezcla durante unos 30 segundos a alta velocidad hasta que esté suave.
- Sirve y disfruta.

TIEMPO DE PREPARACIÓN: 5 min
TIEMPO DE COCCIÓN: 0 min
TIEMPO EN TOTAL: 5 min
PORCIONES: 2 porciones

PASTEL DE MANZANA

Para esta receta, utilizar zumo de manzana es una gran idea. Si se utilizan sustitutos del azúcar, la tarta parecerá seca; esto ayudaría a resolver ese problema.

Haz esta receta para el banquete de Acción de Gracias de tu familia. Nadie del grupo familiar sabrá que se trata de una tarta de manzana para diabéticos.

Puedes quedarte con el sabor del zumo de manzana. Le dará al pastel un sabor añadido muy agradable. Lo que más me gusta de esta receta es que estará estupenda al día siguiente.

INGREDIENTES

- /3 de taza de zumo de manzana concentrado descongelado
- Masa para tarta de doble corteza (9 pulgadas)
- 8 tazas de manzanas ácidas peladas y cortadas en rodajas finas
- 1 cucharada de mantequilla
- Sustituto del azúcar equivalente a 8 cucharaditas de azúcar
- 2 cucharaditas de maicena
- 1 cucharadita de canela molida

PREPARACIÓN

- Mezcla el zumo de manzana, el azúcar, la maicena y la canela.
- Forra un molde para tartas con una corteza inferior; añade las manzanas.
- Sobre las manzanas, vierte la mezcla de zumo y salpica con mantequilla.
- Extiende el resto de la masa para que se ajuste a la parte superior de la tarta.
- Corta hendiduras o una forma de manzana en la parte superior.
- Colócalo sobre el relleno y sella los bordes.
- Hornea a 375 grados durante unos 35 minutos.
- Aumenta la temperatura a 400 grados.
- Hornea hasta que las manzanas estén tiernas durante unos 15 a 20 minutos.
- Sirve y disfruta.

TIEMPO DE PREPARACIÓN: 15 min
TIEMPO DE HORNEADO: 50 min
TIEMPO EN TOTAL: 1 hora 5 min
PORCIONES: 8 porciones

MELOCOTONES ASADOS

Los melocotones a la parrilla son el tipo de magia que se produce en el crepúsculo de una parrilla caliente, y es el mejor maridaje para el vino frío y el helado destinado al postre.

La verdad es que estos melocotones a la parrilla son sorprendentemente sencillos, y sólo requieren aceite de oliva y melocotones frescos para prepararlos en una parrilla.

Los melocotones terminados no deben deshacerse con claras marcas de la parrilla y deben ser más tiernos. En realidad, la mayor parte de la piel de los melocotones se desprenderá y sólo tendrás que arrancarlos con las pinzas antes de servirlos si te apetece. Disfruta.

INGREDIENTES

- 6 melocotones (de hueso)
- Aceite de oliva

PREPARACIÓN

Preparación de la parrilla:
- Enciende una parrilla de gas a fuego medio.
- Asa los melocotones después de que todo lo demás se haya asado. Esto es si vas a cocinar sobre carbón.

Preparación de los melocotones a la parrilla:
- Corta el hueso de los melocotones por la mitad, pasando un cuchillo afilado a lo largo de cada costura del melocotón para cortarlo por la mitad.
- Retira el hueso y utiliza aceite de oliva para pincelar cada lado cortado.
- Coloca los melocotones con el lado cortado hacia abajo en la parrilla.
- Cocínalos sin tocarlos durante unos 4 ó 5 minutos, hasta que aparezcan las marcas de la parrilla.
- Dale la vuelta a los melocotones y ásalos durante unos 4 ó 5 minutos más, hasta que los melocotones estén blandos y la piel esté carbonizada.
- Retíralos de la parrilla.
- Sirve los melocotones asados con mantequilla o helado de vainilla.
- Disfruta.

TIEMPO DE PREPARACIÓN: 5 min
TIEMPO DE COCCIÓN: 10 min
TIEMPO EN TOTAL: 15 min
PORCIONES: 8 porciones

BROWNIES DE MANTEQUILLA DE MANÍ EN ESPIRAL

Esta receta de brownie apta para diabéticos utiliza la clásica combinación de mantequilla de maní y chocolate para hacer un delicioso postre que querrá hacer una y otra vez.

No es demasiado pastoso ni demasiado fudgy. Pero, sinceramente, te encantará.

¡Que lo disfrutes!

- 1 cucharadita de vainilla
- 1 1/4 tazas de harina integral de repostería, dividida
- 1 cucharadita de levadura en polvo
- 1/4 de taza de mantequilla de cacahuete cremosa
- 1/2 taza de cacao en polvo sin azúcar
- Spray antiadherente para cocinar
- 1/4 de taza de mantequilla
- 3/4 de taza de azúcar granulado
- 1/3 de taza de agua fría
- 3/4 de taza de producto de huevo refrigerado o congelado, descongelado, o 3 huevos (ligeramente batidos)
- 1/4 de taza de aceite de canola
- 1/4 de taza de trozos de chocolate semidulce en miniatura

PREPARACIÓN

- Precalienta el horno a 350 grados F.
- Utiliza papel de aluminio para forrar un molde para hornear de 9x9x2 pulgadas, extiende el papel de aluminio por encima de los bordes del molde.
- Utiliza spray antiadherente para recubrir ligeramente el papel de aluminio y resérvalo.
- Derrite la mantequilla en un cazo mediano a fuego lento.
- Retírala del fuego.
- Bate el agua y el azúcar.
- Bate el aceite, el huevo y la vainilla hasta que se combinen.
- Incorpora la levadura en polvo y 1 taza de harina hasta que se combinen.
- En un cuenco pequeño, pon la mantequilla de cacahuete; bate gradualmente 1/2 taza de la masa hasta que quede suave y resérvala.
- Mezcla el cacao en polvo y el 1/4 de taza de harina restante en un bol aparte.
- Mézclalo con la masa normal.
- Incorpora los trozos de chocolate y vierte la masa de chocolate en el molde preparado.
- En pequeños montículos, deja caer la masa de mantequilla de cacahuete sobre la masa de chocolate en el molde.
- Remueve la masa con una espátula metálica fina.
- Hornea hasta que un palillo insertado en el centro salga limpio y la parte superior rebote al tocarla ligeramente, durante unos 20 a 25 minutos.
- Deja enfriar completamente en un molde sobre una rejilla.
- Corta en barras.
- Sirve y disfruta.

TIEMPO DE PREPARACIÓN: 15 min
TIEMPO DE COCCIÓN: 0 min
TIEMPO EN TOTAL: 40 min
PORCIONES: 20 porciones

BLONDIES DE QUINOA CON ALMENDRAS

Lo más probable es que la gente ni siquiera se de cuenta de que estos blondies de chocolate y delicados frutos secos son diabéticos y no contienen gluten.

Se usa harina de quinoa, que se puede encontrar en las tiendas de alimentos naturales y en los supermercados bien surtidos, en lugar de la harina para todo uso. Si quieres hacer tu propia harina de quinoa, puedes moler la quinoa cruda hasta convertirla en polvo utilizando un molinillo de café limpio.

Puedes usar extracto de almendras en lugar de vainilla. Seguirá añadiendo un sabor encantador a este postre. Que lo disfrutes.

INGREDIENTES

- 1 cucharadita de extracto de vainilla
- 3/4 de taza de harina de quinoa
- 1 cucharadita de polvo de hornear
- 1/4 cucharadita de sal
- 1/4 de taza de mantequilla sin sal, ablandada
- 3/4 de taza de mantequilla de almendras natural crujiente o suave
- 2 huevos grandes
- 3/4 de taza de azúcar moreno ligero envasado
- 1 taza de chips de chocolate semidulce

PREPARACIÓN

- Precalienta el horno a 350 grados F.
- Utiliza papel pergamino o papel de aluminio para forrar un molde cuadrado de 8 pulgadas para hornear.
- Deja que sobresalga ligeramente por los extremos opuestos.
- Utiliza spray de cocina para cubrirlo.
- Bate la mantequilla de almendras y la mantequilla en un bol hasta que esté cremosa con una batidora eléctrica.
- Bate el azúcar moreno, los huevos y la vainilla.
- Bate la levadura en polvo, la harina de quinoa y la sal en un bol pequeño.
- Mezcla la mezcla de harina con los INGREDIENTES húmedos hasta que estén bien combinados.
- Incorpora las pepitas de chocolate.
- Reparte uniformemente la mantequilla en el molde preparado.
- Hornea entre 25 y 35 minutos o hasta que al insertar un palillo en el centro éste salga con algunas migas húmedas.
- No lo hornees demasiado.
- Deja que se enfríe en el molde durante unos 45 minutos.
- Saca la sartén entera con el pergamino o el papel de aluminio y pásala a una tabla de cortar.
- Corta en cuadrados y sirve y disfruta.

TIEMPO DE PREPARACIÓN: 15 min
TIEMPO DE REPOSO: 1 hora 20 min
TIEMPO EN TOTAL: 1 hora 35 min
PORCIONES: 24 porciones

PALETAS DE YOGUR DE FRUTAS

Estas paletas tienen más fresa que yogur. Puedes aumentar la cantidad de yogur a 1 taza y media si quieres acercarte a partes iguales de fresa y yogur. El equilibrio entre las bayas y el yogur hará que te guste esta receta.

Estos no sólo son excelentes para la merienda, sino también para el postre. Espero que lo disfrutes.

INGREDIENTES

Para el sirope simple:
- 1/2 taza de agua
- 1/2 taza de azúcar granulado

Para las paletas:
- 1 cucharada de zumo de limón
- 1 taza de yogur natural o de vainilla
- 1 libra (4 tazas) de fresas, cortadas por la mitad y descascaradas

PREPARACIÓN

- En un cazo, remueve el agua y el azúcar a fuego medio.
- Lleva a ebullición y remueve hasta que el azúcar se disuelva.
- Enfría hasta que se enfríe.
- Haz un puré con las fresas, 3 cucharadas del sirope y el zumo de limón en un procesador de alimentos o una batidora hasta que quede suave.
- Prueba y añade más sirope si te apetece.
- Pásalo a tu bol o taza medidora.
- Bate el yogur para suavizar los grumos en un bol.
- Rellena los moldes alternando 1 cucharada de yogur y 1 cucharada de fruta.
- Continúa alternando bayas y yogur hasta que los moldes estén llenos a 1/4 de pulgada de la parte superior.
- Pincha profundamente en los moldes de las paletas y haz un remolino con el yogur y la fruta utilizando un palillo o una brocheta.
- Congela durante una hora.
- Saca el molde del congelador e introduce los palos de paleta en su interior, dejando unos 5 cm de cada palo por encima del molde.
- Vuelve a meterlo en el congelador hasta que se congele, durante otras 3 horas.
- Sumerge los lados y el fondo del molde en un recipiente con agua caliente y mantenlo el tiempo suficiente para descongelar las paletas y que se suelten del molde.
- Sirve y pásalos a la tienda del congelador.
- Disfruta.

TIEMPO DE PREPARACIÓN: 10 min
TIEMPO DE CONGELACIÓN: 5 horas
TIEMPO EN TOTAL: 5 horas 10 min
PORCIONES: 10 popsicles

MANZANAS RELLENAS DE CANELA AL HORNO

Las deliciosas manzanas con relleno de avena son una forma estupenda de disfrutar de las manzanas recogidas del árbol en otoño.

Déjame decirte algo: esta receta es deliciosa y perfecta. Una cucharada de helado de vainilla la hace más deliciosa. No querrás cambiar esta receta porque son tiernas, jugosas y pueden estar listas en 30 minutos.

Toda la casa olerá de maravilla cuando metas las manzanas en el horno.

EASY DIABETIC DESSERT RECIPES

- 4 manzanas
- 1 cucharadita de canela molida
- 1/4 de taza de mantequilla
- 1 taza de copos de avena
- 1/4 de taza de azúcar moreno

PREPARACIÓN

- Precalienta el horno a 350 grados F.
- Descorazona cada una de las manzanas.
- Haz un hueco grande en el centro de cada manzana y colócalas en una bandeja de horno con borde.
- Mezcla el azúcar moreno, la avena y la canela en un bol.
- Añade la mantequilla hasta que esté bien mezclada.
- Vierte 1/4 de la mezcla de avena en cada manzana.
- Hornea en el horno precalentado durante unos 30 minutos, o hasta que las manzanas estén tiernas y el relleno burbujee.
- Sirve y disfruta.

TIEMPO DE PREPARACIÓN: 15 min
TIEMPO DE COCCIÓN: 40 min
TIEMPO EN TOTAL: 45 min
PORCIONES: 4 porciones

CORTEZA DE ALMENDRA DE CHOCOLATE NEGRO

La corteza de almendra con choco oscuro es una delicia para los diabéticos.

Añadir sal marina a esta golosina también sería estupendo. La combinación de la Corteza de Almendra de Chocolate Oscuro con la sal marina definitivamente satisfará tu antojo. Y querrás duplicar la receta porque no dura mucho.

Espero que también la disfrutes.

INGREDIENTES

- 1/8 cucharadita de sal marina
- 1/2 cucharadita de extracto de vainilla
- 1/4 de taza de almendras picadas
- 1/8 de cucharadita de sal marina opcional
- 50 gramos (aproximadamente 1/2 taza) de manteca de cacao
- 1/2 taza de cacao sin azúcar; puede utilizar Ghirardelli
- 1/4 taza de sustituto del azúcar bajo en carbohidratos o 1 cucharada más 2 cucharaditas de Trivia
- 1/4 cucharadita de almendras finamente picadas, opcional

PREPARACIÓN

- En una caldera doble o en un fundidor de chocolate, derrite la manteca de cacao.
- Incorpora el edulcorante, la sal y el cacao en polvo.
- Mantén el fuego hasta que los ingredientes secos se hayan incorporado muy bien a la manteca de cacao derretida.
- Retira del fuego.
- Incorpora las almendras picadas y el extracto de vainilla.
- Vierte en un molde de chocolate o en un molde preparado.
- Espolvorea con almendras picadas y sal adicional si lo deseas.
- Sirve y disfruta.

TIEMPO DE PREPARACIÓN: 5 min
TIEMPO DE COCCIÓN: 15 min
TIEMPO EN TOTAL: 20 min
PORCIONES: 10 piezas

MAGDALENAS DE JENGIBRE

Esta magdalena de jengibre es una de mis recetas favoritas para las fiestas y para los diabéticos. Es cálida y está llena de especias dulces.

Puedes disfrutar de esta delicia sin gluten durante todo el año con harina integral, claras de huevo y compota de manzana sin azúcar.

INGREDIENTES

- 1 taza de harina integral
- 2 1/2 cucharaditas de bicarbonato de sodio
- 1 cucharadita de jengibre molido
- 1 cucharadita de pimienta de Jamaica molida
- 1 cucharadita de canela molida
- 1/2 taza de aceite de canola
- 2 claras de huevo
- 1 huevo
- 2/3 de taza de azúcar
- 1 taza de melaza
- 1 taza de compota de manzana sin azúcar
- 1 1/2 taza de harina para todo uso
- 1/2 cucharadita de sal
- 1 1/3 de taza de cobertura batida congelada reducida en grasas, descongelada

PREPARACIÓN

- Precalienta el horno a 350 grados F.
- Utiliza forros de papel para forrar moldes de magdalenas.
- Bate las claras de huevo, el aceite, el huevo y el azúcar hasta que estén bien mezclados en un bol grande.
- Añade el puré de manzana y la melaza. Mezcla bien.
- Mezcla las harinas, el jengibre, el bicarbonato, la canela, la pimienta de Jamaica y la sal en un bol.
- Bate la mezcla de puré de manzana poco a poco hasta que esté bien mezclada.
- Vierte la mezcla en los moldes para magdalenas, llenando cada uno unos 2/3 de su capacidad.
- Hornea hasta que un palillo insertado en el centro salga limpio, durante unos 18 a 22 minutos.
- Enfría completamente antes de servir.
- Cubre cada magdalena con 1 cucharada de cobertura batida.
- Sirve y disfruta.

TIEMPO DE PREPARACIÓN: 10 min
TIEMPO DE COCCIÓN: 22 min
TIEMPO EN TOTAL: 32 min
PORCIONES: 24 magdalenas

NATILLA HORNEADA

¿Sabes lo que me gusta de esta receta?

Las natillas al horno son tan fantásticas y fáciles de hacer. Puedes añadir un poco de nuez moscada a la parte superior antes de servirla y cubrirla con nata montada fresca y casera. Oh, ¡Dios mío! ¡Es tan delicioso!

Querrás hacer más y más aunque no cambies nada de la receta.

- 1/4 de cucharadita de nuez moscada molida
- 1/4 de cucharadita de canela molida
- 3 cucharaditas de extracto de vainilla
- 2-2/3 tazas de leche entera
- 4 huevos grandes
- 2/3 de taza de azúcar
- 1/2 cucharadita de sal

PREPARACIÓN

- Mezcla el azúcar, los huevos, la vainilla y las especias en un bol.
- Incorpora la leche y vierte la mezcla en una fuente de horno de 1,5 litros.
- Coloca la fuente de horno dentro de un molde para tartas en el horno.
- Hornea a 325 grados hasta que un cuchillo insertado cerca del centro salga limpio, o durante una hora aproximadamente.
- Sirve y disfruta.

TIEMPO DE PREPARACIÓN: 10 min
TIEMPO DE HORNEADO: 6 min
TIEMPO EN TOTAL: 16 min
PORCIONES: 6 porciones

MOUSSE DE CHOCOLATE

¡No te imaginas lo bueno que estará hasta que lo pruebes!

Esta versión de la Mousse de Chocolate es baja en carbohidratos y estará muy buena. Puedes hacer una tanda en un bol grande con la cuchara más grande para servir. ¡Será una maravilla!

¿Ya es San Valentín? ¿Por qué no sentir el amor con esta Mousse de Chocolate usando vasos de lujo para servir? ¡Sonríe!

- 2 yemas de huevo medianas
- 1/4 de taza de sustituto del azúcar granulado
- 1 cucharadita de extracto de vainilla puro
- 7 onzas (2 barras) de chocolate amargo o negro Perugina o Ghirardelli
- 2 cucharadas de café fuerte (puede utilizar café expreso descafeinado)
- 2 cucharadas de licor de naranja o Bourbon (opcional)
- 3/4 de taza más 3 cucharadas de nata para montar
- 3 claras de huevo medianas

PREPARACIÓN

- Rompe hasta 5 onzas de chocolate.
- Coloca el chocolate, el licor y el café en una olla pequeña.
- En una olla más grande con agua caliente apagada, tapa y coloca la olla pequeña y deja que se derrita.
- Bate el sustituto del azúcar y las yemas de huevo hasta que estén espumosos.
- Añade las 3 cucharadas de nata para montar y la vainilla a la mezcla de huevos y bate para combinar.
- Bate el chocolate fundido hasta que esté brillante y suave.
- Añade el chocolate derretido a la mezcla de huevos poco a poco, removiendo constantemente.
- Bate las claras de huevo a punto de nieve.
- Incorpora 1/4 de las claras al chocolate para aligerar la mezcla.
- Incorpora el resto de las claras.
- Ralla unos 60 gramos de chocolate con el lado mediano de un rallador de caja. Incorpóralo a la mezcla.
- Bate 3/4 de taza de nata montada hasta que mantenga su forma y triplique su volumen.
- Incorpora la nata montada al resto de la mezcla.
- Vierte en 6 vasos o en un bol grande.
- Enfría durante unas 4 ó 5 horas. Sirve y disfruta.

TIEMPO DE PREPARACIÓN: 25 min
TIEMPO DE COCCIÓN: 5 min
TIEMPO EN TOTAL: 30 min
PORCIONES: 6 porciones

GALLETAS DE NAVIDAD

Estas galletas pueden compartirse fácilmente y regalarse a vecinos y amigos. Estas galletas siempre dan lugar a una bonanza de repostería para preparar la Navidad.

Deberías probar a glasear estas galletas cuando estén frías. Y antes de hornearlas, asegúrate de espolvorearlas con azúcar de colores. Quedarán perfectas, fantásticas y bonitas.

INGREDIENTES

- 2 cucharaditas de levadura en polvo
- 1/2 taza de leche desnatada
- 2 cucharadas de agua
- 1 cucharadita de extracto de vainilla
- 1/2 taza de manteca
- 3 cucharadas de sustituto del azúcar
- 1 huevo
- Varias gotas de colorante comestible (opcional)
- 2 1/2 tazas de harina para tartas
- 1/2 cucharadita de sal

PREPARACIÓN

- Bate la manteca.
- Añade el huevo, el edulcorante y el colorante alimentario; bate bien.
- Combina los ingredientes secos en un bol aparte; añade la vainilla, la leche y el agua.
- Incorpora la mezcla de harina y remueve bien.
- Enfría la masa de 2 a 4 horas.
- Precalienta el horno a 325 grados F.
- Extiende la masa con un grosor de 1/8 de pulgada y corta las galletas con la forma que desees.
- Hornea de 8 a 10 minutos.
- Deja enfriar y guárdalas en un recipiente hermético.
- Disfruta.

TIEMPO DE PREPARACIÓN: 10 min
TIEMPO DE REPOSO: 4 horas
TIEMPO EN TOTAL: 4 horas 10 min
PORCIONES: 24 porciones

BOCADOS DE ECLAIR

Aunque los postres de la panadería no son siempre la mejor opción si sigues una dieta para diabéticos, eso no significa que no puedas volver a disfrutar de tus favoritos.

Con esta receta de eclair, puedes saborear el dulzor de un clásico de la pastelería sin pasarte.

Espero que la disfrutes.

- 1 1/2 barrita de margarina derretida
- 1 paquete (tamaño de 4 porciones) de pudín instantáneo de vainilla sin azúcar
- 1 1/4 taza de leche baja en grasa
- 2 tazas de migas de galletas Graham reducidas en grasa
- 1/2 taza de azúcar de repostería
- 2 tazas de cobertura batida congelada sin grasa, descongelada
- 3/4 de taza de glaseado de chocolate sin azúcar

PREPARACIÓN

- Precalienta el horno a 350 grados F.
- Utiliza forros de papel para forrar 18 mini moldes para magdalenas.
- Combina el azúcar, las galletas Graham y la mantequilla en un bol mediano; mézclalo bien.
- Presiona la mezcla uniformemente en los moldes de papel.
- Presiona el fondo y los lados de los moldes con los dedos.
- Hornea hasta que la corteza empiece a dorarse o durante unos 5 minutos.
- Retira del horno y deja que se enfríe por completo.
- Bate la mezcla de pudín y la leche en un bol mediano.
- Incorpora la cobertura batida.
- Colócalo en una bolsa de plástico y corta una esquina.
- Rellena las costras de galletas graham de manera uniforme con la mezcla de pudín.
- Calienta el glaseado durante unos 10 ó 15 segundos en un bol pequeño apto para microondas.
- Remueve hasta que se pueda verter y quede suave.
- Colócalo en una bolsa de plástico y corta una esquina.
- Cubre la mezcla de pudding con una porción de glaseado de chocolate.
- Refrigera hasta que esté listo para servir, durante unas 4 horas.
- Sirve y disfruta.

TIEMPO DE COCCIÓN: 5 min
TIEMPO DE REPOSO: 4 horas
TIEMPO EN TOTAL: 4 horas 10 min
PORCIONES: 18 porciones

GALLETAS CON CANELA (SNICKERDOODLES)

Debido a mi gusto, añadí más vainilla, y se sintió bien. Puedes añadirla también, si realmente quieres la experiencia completa.

Necesitarás un poco de canela en el azúcar de amasar para conseguir esa hermosa capa de canela. Los snickerdoodles tienen un sabor delicioso y son fáciles de hacer.

Puede que sea la primera vez que haces snickerdoodles, pero te prometo que definitivamente te van a salir muy bien.

Disfruta.

- 1-1/2 tazas de harina para todo uso
- 1/4 de cucharadita de bicarbonato de sodio
- 1/4 de cucharadita de cremor tártaro
- 1 cucharadita de canela molida
- 1/2 taza de mantequilla ablandada
- 1 taza más 2 cucharadas de azúcar, divididas
- 1 huevo grande, a temperatura ambiente
- 1/2 cucharadita de extracto de vainilla

PREPARACIÓN

- Precalienta el horno a 375 grados F.
- Bate la mantequilla y 1 taza de azúcar hasta que esté esponjosa y ligera.
- Bate la vainilla y el huevo.
- Bate el bicarbonato, la harina y el cremor tártaro en un cuenco aparte.
- Bate poco a poco en la mezcla de la crema.
- Mezcla el resto del azúcar y la canela en un bol pequeño.
- Forma bolas de 1 pulgada con la masa.
- Pásalas por el azúcar de canela.
- Colócalas con una separación de 2 pulgadas entre sí en bandejas para hornear sin engrasar.
- Hornea de 10 a 12 minutos, hasta que estén ligeramente doradas.
- Sácalas de las bandejas y colócalas en rejillas para que se enfríen.
- Sirve y disfruta.

TIEMPO DE PREPARACIÓN: 20 min
TIEMPO DE HORNEADO: 10 min
TIEMPO EN TOTAL: 30 min
PORCIONES: 2 and 1/2 dozen

BARRAS DE LIMÓN

Estas barras de limón son ácidas, ricas y llenas de perfección; todo en uno.

Pon una sonrisa en la cara de tus amigos con esta sencilla receta hoy mismo. La corteza tiene el grosor perfecto, y hay suficiente crema de limón en cada bocado para satisfacerlos.

Esta receta hace mucha corteza y se extiende en un plato de 9 por 13 fácilmente, pero hace una barra más fina. Asegúrate de aumentar el tiempo de cocción de la corteza y el relleno de 5 a 10 minutos más si vas a utilizar una fuente de horno más pequeña, de 8 por 11.

INGREDIENTES

- 4 huevos
- 1 y 1/2 tazas de azúcar blanco
- 1/4 de taza de harina de uso general
- 1 taza de mantequilla ablandada
- 1/2 taza de azúcar blanco
- 2 tazas de harina común
- 2 limones, exprimidos

PREPARACIÓN

- Precalienta el horno a 350 grados F.
- Mezcla la mantequilla ablandada, 1/2 taza de azúcar y 2 tazas de harina en un bol mediano.
- Presiona en el fondo de un molde de 9 por 13 pulgadas sin engrasar.
- Hornea en el horno precalentado de 15 a 20 minutos, o hasta que esté dorado y firme.
- Bate el resto del azúcar y 1/4 de taza de harina en un bol aparte.
- Bate el zumo de limón y los huevos.
- Vierte sobre la corteza horneada.
- Hornea otros 20 minutos en el horno precalentado.
- Las barras se endurecerán al enfriarse. Haz otro molde utilizando limas en lugar de limones para una bandeja festiva, añadiendo gotas de colorante alimentario verde.
- Una vez que ambas bandejas se hayan enfriado, corta 2 en cuadrados uniformes de 5 cm y colócalos en forma de tablero de ajedrez.
- Sirve y disfruta.

TIEMPO DE PREPARACIÓN: 15 min
TIEMPO DE HORNEADO: 40 min
TIEMPO EN TOTAL: 55 min
PORCIONES: 36 porciones

PASTEL DE PIÑA INVERTIDO

Esta tarta clásica de piña al revés cuenta con todas las bondades pegajosas, afrutadas y acarameladas que se han hecho durante generaciones y generaciones, además de un atajo secreto para que puedas hacerla en un instante.

Con tu mezcla de pastel amarillo, puedes tener este impresionante postre preparado para el horno en 15 minutos.

Todo lo que tienes que hacer es hornear, dar la vuelta y llevar a la mesa para añadir un colorido y dulce florecimiento a cualquier fiesta. Disfruta.

- 1 lata (20 onzas) de rodajas de piña en jugo, escurridas, reservando el jugo
- 1 tarro (6 onzas) de cerezas marrasquino sin tallos, escurridas
- 1 caja de mezcla para pastel amarillo
- 1/4 de taza de mantequilla
- 1 taza de azúcar moreno envasado
- Aceite vegetal y huevos indicados en la caja de la mezcla para pasteles

PREPARACIÓN

- Calienta el horno a 350 grados F.
- Derrite la mantequilla en el horno en un molde de 13 por 9 pulgadas.
- Espolvorea azúcar moreno sobre la mantequilla.
- Dispón las rodajas de piña sobre el azúcar moreno.
- En el centro de cada rodaja de piña, coloca una cereza y dispón el resto de cerezas alrededor de las rodajas; presiona suavemente sobre el azúcar moreno.
- Añade suficiente agua al zumo de piña reservado para medir 1 taza.
- Haz la masa, sustituyendo el agua por la mezcla de zumo de piña.
- Vierte la masa sobre las cerezas y la piña.
- Hornea durante unos 45 minutos o hasta que al insertar un palillo en el centro éste salga limpio.
- Afloja el pastel pasando un cuchillo por el lateral del molde.
- Coloca tu plato de servir resistente al calor boca abajo sobre una sartén. Dale la vuelta al plato y a la sartén.
- Ahora, deja sólo 5 minutos para que la cobertura de azúcar moreno pueda rociar el pastel.
- Retira el molde y deja que se enfríe durante unos 30 minutos.
- Sirve frío o caliente.
- Disfruta.

TIEMPO DE PREPARACIÓN: 15 min
TIEMPO DE HORNEADO: 1 hora 35 min
TIEMPO EN TOTAL: 1 hora 50 min
PORCIONES: 12 porciones

TORRES DE TARTA DE ZANAHORIA

No hace falta ser diabético para disfrutar de este pastel de zanahoria. El pastel de zanahoria puede ser bueno o muy, muy malo, y esta receta lleva harina de linaza. Pero nada más lejos de la realidad. Este pastel es súper delicioso y al añadirle la crema de queso, el glaseado es divino.

Estos serían perfectos para una fiesta y es una receta que puedes hacer una y otra vez. Se pueden hacer en cuadrados y triángulos, tú eliges.

- 1/4 de cucharadita de sal
- 3 tazas de zanahoria finamente rallada, unas 6 medianas (3 grandes para mí)
- 1 taza de producto de huevo refrigerado o congelado descongelado, o 4 huevos ligeramente batidos
- 1/2 taza de azúcar granulado o mezcla de sustituto del azúcar, equivalente a 1/2 taza de azúcar granulado
- 1/2 taza de azúcar moreno envasado o mezcla de sustituto del azúcar moreno, equivalente a 1/2 taza de azúcar moreno
- 1/2 taza de aceite de canola
- 1 1/2 tazas de harina para todo uso
- 2/3 de taza de harina de semillas de lino
- 2 cucharaditas de levadura en polvo
- 1 cucharadita de especias de pastel de calabaza
- 1/2 cucharadita de bicarbonato de sodio
- 1 receta de glaseado de queso crema esponjoso
- Zanahoria rallada gruesa opcional

- Precalienta el horno a 350 grados F.
- Engrasa el fondo de un molde para hornear.
- Utiliza papel encerado para forrar el fondo del molde.
- Engrasa y enharina ligeramente el papel encerado y los lados del molde; resérvalo.
- En un bol grande, mezcla la harina de semillas de lino, la harina, la levadura en polvo, el bicarbonato de sodio, la especia de pastel de calabaza y la sal; resérvalo.
- En otro bol grande, combina los huevos, la zanahoria rallada, el azúcar moreno, el azúcar granulado y el aceite.
- Añade la mezcla de huevos de una vez a la mezcla de harina. Remueve hasta que esté bien combinada.
- Vierte la masa en el molde preparado, distribuyéndola uniformemente.
- Hornea hasta que un palillo insertado cerca del centro salga limpio, o durante unos 25 minutos.
- Enfría el pastel en el molde sobre una rejilla durante unos 10 minutos.
- Invierte el pastel en una rejilla y enfríalo completamente.
- Pasa el pastel a una tabla de cortar grande.
- Haz recortes en el pastel con un cortador redondo de 5 cm, dejando el menor espacio posible entre los recortes (obtendrás de 29 a 33 recortes)
- Para cada una de las porciones, coloca uno de los recortes del pastel en un plato de servir.
- Esparce aproximadamente 1 cucharada de glaseado de queso crema esponjoso por encima del pastel.
- Si lo deseas, adórnalo con zanahoria rallada.
- Sirve y disfruta.

TIEMPO DE PREPARACIÓN: 15 min
TIEMPO DE HORNEADO: 25 min
TIEMPO EN TOTAL: 50 min
PORCIONES: 16 porciones

GOMITAS CON FORMA DE GUSANO

Esta receta hace gusanos de frambuesa y naranja de doble sabor.

Puedes sustituirlos por otros zumos para cambiar los sabores. También puedes hacerlos con un solo sabor. A tus hijos les encantará.

INGREDIENTES

- 12 cucharadas de azúcar (separadas)
- 8 cucharadas de jarabe de maíz (separadas)
- 2/3 de taza de zumo de naranja
- 8 cucharadas de gelatina sin sabor (separadas)
- 1/2 taza de agua fría (dividida)
- 2/3 de taza de zumo de frambuesa
- Opcional: colorante para alimentos

PREPARACIÓN

- Reúne todos los ingredientes.
- Prepara un molde de 8 por 8 pulgadas con agua para mojarlo.
- Coloca 4 cucharadas de gelatina dentro de un 1/4 de taza de agua fría para que se ablande durante unos 5 minutos.
- Coloca las 6 cucharadas de azúcar, el zumo de frambuesa y las 4 cucharadas de sirope de maíz en un cazo mediano a fuego medio.
- Remueve hasta que el azúcar se disuelva.
- Añade la gelatina y sigue removiendo hasta que se disuelva.
- Ahora, añade el colorante alimentario si lo vas a utilizar.
- Vierte en el molde preparado y refrigera hasta que cuaje, durante una hora aproximadamente.
- **Repita el procedimiento con el zumo de naranja:**
- Pon 4 cucharadas de gelatina en 1/4 de taza de agua fría durante unos 5 minutos, para que se ablande.
- Pon las 6 cucharadas de azúcar, el zumo de frambuesa y 4 cucharadas de jarabe de maíz en un cazo mediano a fuego medio.
- Remueve hasta que el azúcar se disuelva.
- Añade la gelatina y sigue removiendo hasta que se disuelva.
- Ahora, añade el colorante alimentario si lo vas a utilizar.
- Retira del fuego y deja que se enfríe en un cazo durante 10 minutos.
- Vierte sobre la capa de frambuesas y refrigera hasta que cuaje, durante una hora.
- Sácalo de la sartén cuando esté cuajado y córtalo con un cuchillo afilado en tiras largas y finas para que parezcan gusanos.
- Disfruta.

TIEMPO DE PREPARACIÓN: 10 min
TIEMPO DE REPOSO: 20 min
TIEMPO EN TOTAL: 30 min
PORCIONES: 8 porciones

TARTA DE CALABAZA

Esta es la mejor tarta de calabaza que se puede hacer en casa.

Hazlo con puré de calabaza fresco o en lata, y hasta con varios días de antelación.

Me encanta esta tarta porque se congela bien y se puede llamar "tarta de Acción de Gracias". Pero la verdadera tarta de Acción de Gracias nunca está tan buena y es tan fácil. Ya me ha enamorado esta receta. Espero que a ti también te encante.

- 1/4 de cucharadita de nuez moscada molida
- 1/4 de cucharadita de clavo molido
- 1/8 de cucharadita de cardamomo molido
- 1/2 cucharadita de ralladura de limón
- 2 tazas de puré de pulpa de calabaza de una calabaza de azúcar O 1 lata de 15 onzas de puré de calabaza (también se puede utilizar puré de calabaza cocida)
- 1 1/2 taza de nata espesa o una lata de 12 onzas de leche evaporada
- 2 huevos grandes más la yema de un tercer huevo
- 1/2 taza de azúcar moreno envasado
- 1/3 de taza de azúcar blanco
- 1/2 cucharadita de sal
- 2 cucharaditas de canela
- 1 cucharadita de jengibre molido
- 1 buena corteza de pastel, refrigerada o congelada

PREPARACIÓN

- Precalienta el horno a 425 grados F.
- En un bol grande, bate los huevos.
- Mezcla el azúcar blanco, el azúcar moreno, la canela, la sal, la nuez moscada, el jengibre molido, la ralladura de limón, el clavo molido y el cardamomo.
- Añade el puré de calabaza.
- Incorpora la nata y bate hasta que todo esté bien combinado.
- Vierte el relleno en un molde de tarta congelado.
- Hornea a alta temperatura durante 15 minutos a 425 grados F.
- Baja la temperatura a 350 grados F después de 15 minutos.
- Hornea entre 45 y 55 minutos más.
- La tarta está hecha cuando al introducir un cuchillo éste sale limpio.
- Deja enfriar la tarta de calabaza sobre una rejilla durante unas 2 horas.
- Cubre con nata montada.
- Sirve y disfruta.

TIEMPO DE PREPARACIÓN: 20 min
TIEMPO DE REPOSO: 1 hora
TIEMPO EN TOTAL: 1 hora 20 min
PORCIONES: 8 porciones

MACARRONES DE ALMENDRA

Esta receta es la mejor para crear maravillosos macarrones de almendra en casa. El exterior es crujiente y tradicionalmente se hornean sobre papel de arroz comestible; esto se debe a que son extremadamente difíciles de sacar de la bandeja de hornear.

Por cierto, puedes divertirte con los rellenos y sabores de estos macarrones de almendra caseros. Que los disfrutes.

INGREDIENTES

- 225 gramos de almendras molidas
- 200 gramos de azúcar en polvo, más un poco para espolvorear
- 3 claras de huevo de corral medianas
- 15 almendras enteras escaldadas partidas por la mitad a lo largo

PREPARACIÓN

- Mezcla el azúcar y las almendras molidas en un bol grande.
- Bate las claras de huevo con una batidora eléctrica en un cuenco aparte a baja velocidad hasta que estén espumosas.
- Añade las claras al azúcar y las almendras, 1 cucharada cada vez, mezclando después de cada cucharada.
- Sigue haciéndolo hasta que la mezcla esté suave y no líquida. Es posible que tengas que utilizar todas las claras de huevo.
- Forma bolas del tamaño de una nuez con la mezcla y sepáralas en las bandejas de horno.
- Aplástalas ligeramente presionando una mitad de almendra blanqueada en la parte superior de cada una.
- Espolvorea un poco de azúcar en polvo por encima de cada una, y luego déjalas reposar de 10 a 15 minutos.
- Calienta el horno a 190 grados C.
- Hornea hasta que se doren pálidamente, entre 15 y 20 minutos.
- Déjalo en la bandeja del horno durante al menos 10 minutos antes de pasarlo a una rejilla para que se enfríe por completo. Se endurecerán al enfriarse.
- Sirve con una taza de café.
- Disfruta.

TIEMPO DE PREPARACIÓN: 20 min
TIEMPO DE REPOSO: 20 min
TIEMPO EN TOTAL: 40 min
PORCIONES: 30 macarrones

GALLETAS DE CHOCOLATE GRUESAS

Estas galletas son doradas y bonitas por fuera, pegajosas y suaves por dentro. Están cargadas con toneladas de chocolate derretido.

Lo mejor de estas galletas es su tamaño. Estas galletas son abundantes, gruesas, masticables, mantecosas y extremadamente cargadas de chocolate.

Espero que las disfruten.

INGREDIENTES

- 2 tazas de harina de uso general
- 1/2 cucharadita de sal
- 1/2 cucharadita de levadura en polvo
- 3/4 de taza de chips de chocolate semidulce
- 1/4 de taza de nueces picadas
- 1/2 taza de mantequilla sin sal, a temperatura ambiente
- 3/4 de taza de azúcar moreno claro
- 1/4 de taza de azúcar blanco
- 1 huevo grande
- 1 cucharadita de extracto de vainilla

PREPARACIÓN

- Utiliza un tapete de silicona para forrar una bandeja grande para hornear; resérvala.
- Añade los azúcares y la mantequilla en un bol grande.
- Bate la mantequilla y los azúcares con una batidora de pie o a mano hasta que quede esponjoso.
- Añade la vainilla y el huevo grande, y mézclalo todo hasta que esté combinado.
- Añade la levadura en polvo, la harina y la sal.
- Mezcla hasta que estén bien combinados. Puede parecer que la masa se desmorona.
- Vierte las nueces y las chips de chocolate y mézclalas con las manos.
- Divide la masa en 6 trozos.
- Forma suavemente una galleta y colócala en la bandeja del horno.
- Hornea las galletas hasta que se doren, o durante unos 18 minutos.
- Deja que las galletas se enfríen en la bandeja del horno durante 5 minutos, y luego sácalas a una rejilla para que sigan enfriándose.
- Sirve y disfruta.

TIEMPO DE PREPARACIÓN: 10 min
TIEMPO DE COCCIÓN: 16 min
TIEMPO DE REPOSO: 30 min
TIEMPO EN TOTAL: 56 min
PORCIONES: 6 porciones

PERAS ESCALFADAS

Tus peras escalfadas se pueden servir con un poco de queso mascarpone, una bola de helado de vainilla o nata montada para conseguir un impresionante postre para diabéticos.

Es una receta fácil y sencilla que resulta absolutamente elegante. Tiene un gran equilibrio de sabores picantes, dulces y afrutados.

Son ligeramente dulces y crujientes, lo que las convierte en el lienzo perfecto para todos los sabores del líquido de escalfado..

INGREDIENTES

- 1 cucharadita de nuez moscada molida
- 4 peras enteras
- 1/2 taza de frambuesas frescas
- 1 taza de zumo de naranja
- 1/4 de taza de zumo de manzana
- 1 cucharadita de canela molida
- 2 cucharadas de ralladura de naranja

PREPARACIÓN

- Mezcla el zumo de manzana, el zumo de naranja, la nuez moscada y la canela molida en un bol pequeño.
- Remueve los ingredientes hasta que estén bien mezclados; resérvalo.
- Pela las peras y deja los tallos.
- Retira el corazón de la parte inferior de la pera y, en una cacerola poco profunda, coloca las peras.
- Vierte la mezcla de zumo en la cacerola y ponla a fuego medio.
- Cuece las peras a fuego lento durante unos 30 minutos, dándoles la vuelta con frecuencia.
- No lleves el líquido a ebullición.
- Pasa las peras a platos individuales.
- Adorna con ralladura de naranja y frambuesas.
- Sirve inmediatamente y disfruta.

TIEMPO DE PREPARACIÓN: 10 min
TIEMPO DE COCCIÓN: 30 min
TIEMPO EN TOTAL: 40 min
PORCIONES: 4 porciones

MOUSSE DE CALABAZA

El mousse de calabaza es esponjoso, cremoso, se derrite en la boca y es uno de los postres de calabaza favoritos de mi familia.

Cuando la hago todos los años, otra persona que odia la calabaza cae presa de su genialidad. ¡Tienes que probarlo!

INGREDIENTES

- 2 cucharadas de jarabe de arce
- 1/2 cucharadita de extracto de vainilla puro
- 1 taza de leche entera
- 1 1/2 taza de nata espesa
- 1 paquete (3,4 onzas) de pudín de vainilla instantáneo
- 1 cucharadita de especias de calabaza
- 1/2 cucharadita de canela, más para decorar
- 1/2 cucharadita de sal kosher
- 1 lata (15 onzas) de puré de calabaza

PREPARACIÓN

- Bate las especias, la mezcla de pudín y la sal en un bol grande.
- Añade el sirope de arce, la vainilla, la calabaza y la leche entera, y bátelo todo con una batidora de mano.
- Monta la nata espesa durante unos 3 o 4 minutos, hasta que se formen picos duros en otro bol grande.
- Incorpora 2/3 de la nata montada a la mezcla de calabaza hasta que quede suave.
- Sirve con una cuchara en los platos.
- Cubre con el resto de la nata montada.
- Adorna con una pizca de canela.
- Sirve y disfruta.

TIEMPO DE PREPARACIÓN: 10 min
TIEMPO DE COCCIÓN: 0 min
TIEMPO EN TOTAL: 10 min
PORCIONES: 4 porciones

PALETAS DE YOGUR Y ARÁNDANOS

Las paletas de yogur y arándanos están hechas con tres (3) ingredientes llenos de proteínas que son muy saludables para el cuerpo.

Estas paletas son ideales para cuando el clima se calienta. Es una delicia para diabéticos y sin gluten que tienes que probar hoy.

INGREDIENTES

- 2 tazas de arándanos
- 2 cucharadas de miel o agave
- 2 tazas de yogur griego de vainilla o del sabor que prefieras

PREPARACIÓN

- En un procesador o en una batidora, tritura los arándanos a alta velocidad hasta que estén casi licuados en un batido.
- En un bol grande, vierte el líquido espeso de los arándanos.
- Incorpora la miel/agave.
- Añade el yogur y mézclalo todo suavemente.
- Para que tus polos tengan un aspecto arremolinado, no mezcles del todo los arándanos y el yogur.
- La mezcla quedará espesa. Ahora, pruébala y si la quieres más dulce, puedes añadir un poco más de miel/agave.
- Vierte la mezcla uniformemente en cada uno de los moldes de paletas.
- Puedes introducirlos antes de la congelación si tu molde de paletas tiene ranuras para los palos. Si no, congela durante unas 2 horas.
- Coloca un palito de madera de paleta en el centro.
- Sigue congelando durante otras 5 horas o durante la noche.
- Pasa los moldes de las paletas por agua tibia para que se puedan desmoldar fácilmente.
- Come en un día caluroso.
- Sirve y disfruta.

TIEMPO DE PREPARACIÓN: 10 min
TIEMPO DE COCCIÓN: 0 min
TIEMPO EN TOTAL: 6 to 8 horas
PORCIONES: 6 paletas

TARTA DE LIMÓN

La cuajada de limón es un delicioso postre con corteza de pastel de harina de coco y cuajada de limón sin azúcar. Es 100% paleo, keto y sin gluten.

Esta receta es perfecta cuando se sirve con merengue sin azúcar y fresas. Ya he probado esta receta y me encanta. Deberías añadirla a tus favoritos - tan saludable.

- 1 corteza de pastel de harina de coco
- Cuajada de pastel de limón sin azúcar
- 2 Yemas de huevo - guardar la clara para el merengue
- 1/2 taza de mantequilla o aceite de coco, derretida
- 1/2 taza de zumo de limón o de unos 5 limones pequeños
- 2 huevos
- 1/4 de taza de Eritritol - eritritol o azúcar de monje
- Glaseado de merengue sin azúcar
- 2 claras de huevo
- 1/4 de taza de eritritol

Prepara la tarta de limón:
- En un cazo, bate el zumo de limón, los huevos, el edulcorante y las yemas.
- Lleva a fuego medio y añade la mantequilla o el aceite de coco, removiendo continuamente para evitar que los huevos se revuelvan y se cocinen.
- Aumenta el fuego a medio-alto cuando el aceite de coco se haya derretido, y sigue removiendo hasta que espese.
- Retira del fuego y pásalo a un bol para que se enfríe a temperatura ambiente durante unos 15 minutos.
- Rellena la corteza de la tarta de harina de coco con la cuajada de limón.
- Refrigera la tarta de limón para que se endurezca durante al menos 2 horas.

Prepara el merengue:
- Añade el merengue antes de servir.
- Bate las claras de huevo en un bol hasta que empiecen a producir un buen volumen. Esto suele ser 30 segundos a velocidad alta.
- Sigue batiendo a alta velocidad y añade poco a poco el edulcorante cristalino sin azúcar de tu elección.
- Al cabo de 1 minuto, el merengue debe estar muy esponjoso y triplicar su volumen.
- Voltea el bol para comprobar si el merengue está listo.
- Trasládalo a la parte superior de la cuajada de la tarta de limón si se pega al bol.
- Tostar la parte superior del merengue o ponerlo 2 minutos más en el horno o en el grill hasta que la parte superior se dore ligeramente.
- Sirve y disfruta.

TIEMPO DE PREPARACIÓN: 20 min
TIEMPO DE COCCIÓN: 20 min
TIEMPO EN TOTAL: 40 min
PORCIONES: 8 porciones

BARRITAS

Las barritas bounty son unas barritas caseras, sanas y crudas que son 100% Keto, paleo, sin azúcar y aptas para diabéticos.

Esta receta se puede hacer en 30 minutos, con sólo cuatro ingredientes. Las barritas están hechas principalmente de grasas saludables procedentes del aceite de coco. Estas barritas no contienen muchas calorías y son muy saciantes.

Puedes ajustar el dulzor con gotas adicionales de stevia si eres muy goloso.

INGREDIENTES

- 2 tazas de coco desecado sin azúcar
- 1/3 de taza de aceite de coco derretido, a temperatura ambiente
- Media taza de crema de coco en lata, agitar la lata antes de usarla, con un mínimo de 30% de grasa, a temperatura ambiente (no fría)
- 1/3 de taza de Eritritol

Cobertura de chocolate:

- 6 onzas de Chips de Chocolate sin Azúcar
- 2 cucharaditas de aceite de coco
- 1-2 gotas de fruta monje o gotas de estevia

PREPARACIÓN

- Cubre un molde cuadrado de 9 por 9 pulgadas con papel pergamino y resérvalo.
- Añade el aceite de coco derretido, el eritritol, el coco desecado y la crema de coco en conserva en un procesador de alimentos.
- Procesa a velocidad alta, durante al menos 1 minuto.
- Puede que tengas que procesar durante 20 segundos. Detente y raspa el bol y repite la operación hasta que se forme una masa de coco fina y húmeda.
- Presiona la masa cruda sobre el molde preparado. Asegúrate de que no quede aire entre la masa.
- Utiliza las manos para presionar la masa y usa la espátula para aplanar la superficie.
- Congela durante 10 minutos para que se endurezcan.
- No los congeles demasiado tiempo o se endurecerán tanto que será difícil cortarlos en forma de barritas; podrían romperse en trozos. Pero seguirán teniendo un aspecto delicioso y menos bonito.
- Saca del congelador.
- Levanta el papel de pergamino para liberar el bloque de coco del molde.
- Colócalo en una tabla de cortar.
- Corta en 20 rectángulos con un cuchillo afilado.
- Da forma a cada rectángulo en tus manos para formar bordes redondos como las verdaderas Bounty Bar, si quieres.
- Coloca cada barra Bounty formada en un plato cubierto con papel pergamino.
- Apártalas en el congelador mientras preparas la cobertura de chocolate.
- Mientras tanto, en el microondas, derrite las pepitas de chocolate sin azúcar con aceite de coco.
- Caliéntalo en el microondas hasta que esté completamente derretido durante 30 segundos.
- Añade gotas de stevia para ajustar el dulzor a tu gusto si lo deseas.
- Sumerge cada barrita de coco en la mezcla de chocolate derretido utilizando 2 tenedores.
- Congela de nuevo para fijar la capa de chocolate cuando todas las barritas estén cubiertas de chocolate.
- Guarda las barritas en la nevera en un recipiente hermético hasta un mes o congélalas.
- Descongela durante media hora antes de comerlas.
- Sirve y disfruta.

TIEMPO DE PREPARACIÓN: 10 min
TIEMPO DE COCCIÓN: 0 min
TIEMPO EN TOTAL: 30 min

PORCIONES: 20 bars

REQUESÓN

Lo que más me gusta del requesón es su sabor. Siempre me alegra el día. Esta receta es imprescindible en cualquier reunión familiar, en la iglesia, en la cena o en las fiestas. Puedes usar cualquier gelatina que prefieras. Está igual de buena con cualquiera.

También puedes añadir nueces picadas para darle textura si lo deseas.

¡Que lo disfrutes!

INGREDIENTES

- 3 tazas de requesón bajo en grasa
- 2 (0,3 onzas) paquetes de gelatina con sabor a limón sin azúcar
- 1 (8 onzas) envase de crema batida congelada light, descongelada

PREPARACIÓN

- En un procesador de alimentos, pon el requesón y bate hasta que esté cremoso.
- Bate la gelatina en polvo saborizada.
- Incorpora la cobertura batida descongelada.
- Refrigera hasta el momento de servir.
- Sirve y disfruta.

TIEMPO DE PREPARACIÓN: 5 min
TIEMPO ADICIONAL: 30 min
TIEMPO EN TOTAL: 35 min
PORCIONES: 6 porciones

Este postre clásico no lleva azúcar añadido, por lo que todo el dulzor procede de las propias bayas. *Sonríe*: ¡te encantarán!

Puedes elegir tus bayas favoritas para ponerlas en esta receta. Depende de ti.

INGREDIENTES

Relleno:
- 3 cucharadas de maicena
- 4 tazas de moras o marionberas, boysenberries, arándanos
- 1 paquete de edulcorante hasta 2 paquetes, tan dulce como 2 cucharaditas de azúcar cada uno, opcional
- 3 cucharadas de agua
- 1/2 taza de sirope de moras o de arándanos
- 3/4 de cucharadita de canela

Masa:
- 1 taza de harina sin blanquear
- 2 cucharadas de zumo de manzana concentrado
- 1/4 de taza de yogur de frutas dulces bajo en grasa o con sabor a cereza
- 1 y 1/2 cucharadita de levadura en polvo
- 1/2 cucharadita de sal
- 2 cucharadas de mantequilla derretida

PREPARACIÓN

- Precalienta el horno a 400 grados F.
- Utiliza spray antiadherente para cubrir un molde para tartas de plato hondo.

Haz el relleno:
- Remueve la maicena en el agua hasta que se disuelva.
- Mezcla la canela y el sirope.
- Déjalo reposar y apártalo.

Haz la masa:
- Tamiza la levadura en polvo, la harina y la sal.
- Combina el zumo concentrado, la mantequilla y el yogur en un bol aparte.
- Vierte los ingredientes húmedos sobre los secos.
- Mezcla suavemente con un tenedor durante unos 20 o 30 segundos.
- Amasa la masa durante unos 20 o 30 segundos más.
- Presiona la masa con un grosor de aproximadamente 1/4 a 1/2 pulgada sobre una superficie enharinada y lo suficientemente ancha como para cubrir el molde.

Haz el pie:
- Incorpora las bayas enjuagadas y escurridas a la mezcla del relleno.
- Vierte el relleno de bayas en un molde engrasado.
- Sobre la parte superior, coloca la masa de cobbler, haciendo que la superficie de la masa sea lo más uniforme posible.
- Presiona la masa contra los lados del molde.
- Corta un diseño en la masa para que se ventile.
- Baja el horno a 375 grados F.
- Hornea hasta que la masa esté ligeramente dorada, o durante unos 20 a 25 minutos.
- Deja que se enfríe y sirve.
- Disfruta.

TIEMPO DE PREPARACIÓN: 15 min
TIEMPO DE COCCIÓN: 25 min
TIEMPO EN TOTAL: 40 min
PORCIONES: 8 porciones

BOCADOS DE BANANA CON CHOCOLATE

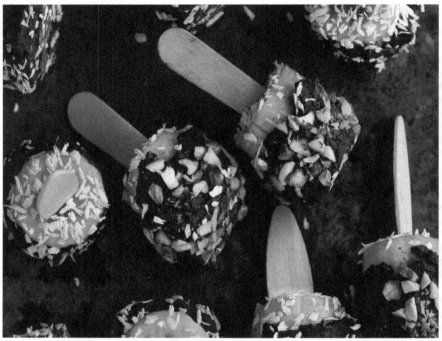

Los Choco Banana Bites son súper fáciles de hacer y siempre son un éxito para todos. Son tan deliciosos - ¡saben a golosina!

Y están hechos con INGREDIENTES sanos; son refrescantes, prácticos y muy fáciles de hacer. Sólo tienes que coger un bocado del congelador cuando lo necesites y está muy caliente por fuera.

Te encantará!

- 3 plátanos pequeños (de unos 15 centímetros de largo) maduros, cortados cada uno en 6 rodajas (de una pulgada)
- 18 picos de cóctel
- 2 cucharadas de coco seco rallado sin azúcar, tostado
- 2 cucharadas de almendras tostadas picadas
- 1/2 cucharadita de escamas de sal marina (como Maldon)
- 5 onzas (85% de cacao) de chocolate negro, finamente picado
- 2 cucharaditas de aceite de coco

PREPARACIÓN

- Pincha cada rodaja de plátano con 1 púa de cóctel y colócala en una bandeja para hornear forrada con papel pergamino.
- Congela durante una hora.
- Vierte agua en un fondo de 1 pulgada de una caldera doble y ponla a fuego medio; llévala a ebullición.
- Reduce el fuego a medio-bajo y cuece a fuego lento.
- Coloca el aceite y el chocolate en la parte superior de la caldera doble y cocina, girando a menudo, hasta que la mezcla esté suave y el chocolate se derrita, o durante unos 4 minutos.
- Sumerge en la mezcla de chocolate 1 rodaja de plátano ensartada.
- Espolvorea inmediatamente con una pizca de coco y vuelve a colocarlas en una bandeja para hornear.
- Repite el procedimiento con el resto del coco para 5 rodajas de plátano adicionales y con las almendras para 6 rodajas de plátano.
- Luego con la sal marina para las 6 rodajas de plátano restantes.
- Congela los bocados antes de servirlos, o durante una hora aproximadamente.
- Sirve y disfruta.

TIEMPO DE PREPARACIÓN: 12 min
TIEMPO DE COCCIÓN: 0 min
TIEMPO EN TOTAL: 2 horas 12 min
PORCIONES: 18 bocados

PASTEL DE HIGO Y NARANJA

Las tartas de higo y naranja son perfectas para las reuniones de brunch, para acompañar el té de la tarde y como postre apto para diabéticos.

Sólo tienes que coger uno de estos pasteles rellenos de fruta y morderlo. Te enamorarás de esto; es muy satisfactorio.

¡Que lo disfrutes!

- 1 taza de harina de uso general
- 3 higos frescos u 8 higos secos Mission
- 1 naranja mediana
- 1/4 de taza de mermelada de naranja baja en azúcar
- Leche sin grasa
- 1 cucharadita de azúcar en polvo
- 1/4 de taza de harina blanca de trigo integral o harina de trigo integral
- 2 cucharadas de harina de lino
- 1/4 de cucharadita de sal
- 1/3 de taza de aceite vegetal para untar del 60% al 70%, refrigerado
- 3-4 cucharadas de agua fría, divididas

PREPARACIÓN

- Precalienta el horno a 400 grados F.
- Utiliza papel de pergamino para forrar una bandeja de horno grande; resérvala.
- Mezcla la harina de lino, las harinas y la sal en un bol mediano.
- Corta el aceite vegetal para untar enfriado hasta que los trozos sean del tamaño de un guisante con una batidora de repostería.
- Rocía 1 cucharada de agua fría sobre una parte de la mezcla de harina. Remueve con un tenedor suavemente.
- Empuja la masa humedecida hacia un lado del bol.
- Repite la humidificación de la mezcla de harina con 1 cucharada de agua fría cada vez, hasta que toda la mezcla de harina esté humedecida.
- Divide la masa en 8 porciones iguales.
- Retira los tallos de los higos.
- Coloca los higos secos en un cuenco pequeño con suficiente agua hirviendo para cubrirlos si vas a utilizar higos secos; déjalo reposar unos 5 minutos para rehidratarlo y luego escúrrelo bien.
- Pica los higos frescos o secos rehidratados.
- Desmenuza suficiente cáscara de naranja para hacer 1/4 de cucharadita y resérvala.
- Pela y pica las secciones.
- Combina la naranja picada, los higos, la mermelada y la piel de naranja rallada en un bol mediano. Remueve bien hasta que se combinen.
- Enrolla cada porción de la masa de hojaldre sobre una superficie ligeramente enharinada hasta formar un círculo de 10 cm.
- Coloca la mezcla de higos sobre los círculos de masa.
- Extiende una capa uniforme, dejando un borde de 3/4 de pulgada en los bordes.
- Humedece los bordes de los círculos de masa con un poco de agua.
- Dobla los círculos de masa por la mitad para formar semicírculos.
- Presiona los bordes para sellarlos con las púas de un tenedor.
- Coloca las tartas con 2 pulgadas de separación en la bandeja de horno preparada.
- Haz pequeños cortes en la parte superior de las tartas para permitir que salga el vapor.
- Pincela ligeramente con leche.
- Hornea hasta que la parte superior esté dorada, o durante unos 17 a 20 minutos.
- Pasar a una rejilla. Deja enfriar unos 15 minutos.
- Espolvorear ligeramente con azúcar en polvo.
- Sirve y disfruta.

TIEMPO DE PREPARACIÓN: 40 min
TIEMPO ADICIONAL: 0 min
TIEMPO EN TOTAL: 1 hora
PORCIONES: 8 porciones

PALOMITAS DE MAÍZ EN EL MICROONDAS

Lo que me encanta de estas palomitas para microondas es que son perfectas para cuando hace frío fuera. Está repleta de cacao. Si eres un fanático del cacao, deberías tener interés en probar esta receta.

Disfruta de las mejores dos meriendas espectaculares con esta golosina de palomitas delicadamente endulzadas hecha dentro del microondas.

Disfruta.

INGREDIENTES

- 1/2 cucharadita de cacao en polvo
- 1/2 cucharadita de azúcar
- Una pizca de sal
- 1 y 1/2 cucharadas de granos de palomitas de maíz
- 1/2 cucharadita de aceite de coco

PREPARACIÓN

- Añade granos de palomitas a una bolsa de papel marrón.
- Dobla la parte superior de la bolsa 3 veces.
- Caliéntala en el microondas durante 1 minuto y medio, o hasta que dejen de saltar.
- En un bol pequeño apto para microondas, coloca el aceite de coco y caliéntalo en el microondas durante unos 20 segundos, hasta que se derrita. Remueve con un tenedor.
- Añade el cacao en polvo, el aceite, la sal y el azúcar a la bolsa sobre las palomitas.
- Dobla la parte superior de la bolsa.
- Mantenla cerrada y agítala para cubrirla.
- Sirve y disfruta.

TIEMPO DE PREPARACIÓN: 5 min
TIEMPO ADICIONAL: 0 min
TIEMPO EN TOTAL: 5 min
PORCIONES: 1 serving

GALLETAS DE FLOR CON MANTEQUILLA DE MANÍ

Estas galletas de mantequilla de maní en flor son deliciosas por sí solas, una versión más saludable de las mejores galletas de Navidad.

Puedes mejorarlas presionando un trozo de caramelo de chocolate negro en cada una de las galletas calientes inmediatamente después de que salgan del horno.

¡Están riquísimas!

- 1 taza de harina de uso general
- 1/3 de taza de harina de trigo integral
- 1/2 cucharadita de levadura en polvo
- 1/2 cucharadita de bicarbonato de sodio
- 1/4 cucharadita de sal
- 1 taza de azúcar moreno ligero envasado
- 1/4 de taza de mantequilla de cacahuete natural
- 2 cucharadas de aceite de canola
- 1 huevo grande
- 1 cucharadita de extracto de vainilla
- 1 cucharada de agua
- 28 trozos grandes de caramelo de chocolate negro, sin envolver

PREPARACIÓN

- Precalienta el horno a 350 grados F.
- Utiliza spray de cocina para cubrir 2 bandejas de horno.
- Combina la mantequilla de cacahuete, el azúcar moreno, el huevo, el aceite y la vainilla en un bol.
- Añade el agua y bate hasta que esté suave con una batidora eléctrica.
- Mezcla las harinas de trigo integral y multiuso, el bicarbonato y la sal en un bol pequeño.
- Incorpora los ingredientes secos a la mezcla de azúcar moreno hasta que estén bien combinados.
- Haz bolas con la masa entre las palmas de las manos, utilizando una cucharada para cada una.
- Aplasta cada bola en forma de plato de medio centímetro de grosor.
- Colócalas a 5 cm de distancia en las bandejas de hornear preparadas.
- Hornea las galletas, de una en una, durante unos 8 o 9 minutos, hasta que estén doradas.
- Presiona inmediatamente un trozo de chocolate en el centro de cada galleta.
- Pásalas a una rejilla para que se enfríen. Sirve y disfruta.

TIEMPO DE PREPARACIÓN: 30 min
TIEMPO ADICIONAL: 0 min
TIEMPO EN TOTAL: 1 hora
PORCIONES: 28 porciones

TROZOS DE MANZANA Y NUECES

Los trozos de manzana y nueces pueden servirse calientes con una cucharada de una cobertura de mezcla de yogur.

Puedes utilizar manzanas MacIntosh para obtener trozos de manzana más suaves. Es fácil de preparar, apto para diabéticos, ¡y es súper delicioso!

¡Que lo disfrutes!

INGREDIENTES

- 1/8 de cucharadita de sal
- 2 manzanas grandes, sin corazón y picadas (2 tazas)
- 1/2 taza de nueces o pacanas picadas y tostadas
- 1/2 taza de crema agria ligera
- 1/4 taza de yogur desnatado de vainilla endulzado con edulcorante artificial
- 1/2 cucharadita de vainilla
- Spray antiadherente para cocinar
- 1 huevo
- 2 claras de huevo
- 2/3 de taza de azúcar moreno envasado o mezcla de sustituto del azúcar moreno equivalente a 2/3 de taza de azúcar moreno
- 1 cucharadita de vainilla
- 1/3 de taza de harina para todo uso
- 3/4 de cucharadita de bicarbonato de sodio

PREPARACIÓN

- Precalienta el horno a 325 grados F.
- Utiliza spray de cocina para recubrir un plato para tartas de 9 pulgadas y resérvalo.
- Mezcla las claras de huevo, el huevo, el azúcar moreno y 1 cucharadita de vainilla en un bol grande.
- Bate con una batidora eléctrica a velocidad media hasta que esté suave, o durante aproximadamente 1 minuto.
- Mezcla el bicarbonato, la harina y la sal en un bol pequeño.
- Añade la mezcla de harina a la mezcla de huevos. Remueve hasta que esté bien combinada.
- Incorpora las nueces y las manzanas y reparte la masa uniformemente en el molde preparado.
- Hornea hasta que el centro esté cuajado, o durante unos 25 o 30 minutos.
- Deja enfriar ligeramente sobre una rejilla.
- Para la cobertura: bate el yogur, la crema agria y 1/2 cucharadita de vainilla en un bol pequeño.
- Para servir, corta el postre en trozos.
- Sírvelo caliente y disfrútalo.

TIEMPO DE PREPARACIÓN: 25 min
TIEMPO ADICIONAL: 0 min
TIEMPO EN TOTAL: 50 min
PORCIONES: 8 porciones

GALLETAS DE CARAMELO DE CACAO

Las galletas de caramelo de cacao es un postre que se puede preparar en la cacerola. Son increíblemente fáciles y además están recién horneadas.

Estas galletas tienen bordes crujientes y centros masticables - tan deliciosos.

Puedes hacerlas con cacao en polvo natural sin azúcar o procesado holandés. Espero que te encanten, sería genial que me dieras tu opinión sobre ellas cuando las prepares.

INGREDIENTES

- 7 cucharadas de cacao sin azúcar
- 2/3 de taza de azúcar granulado
- 1/3 de taza de azúcar moreno envasado
- 1/3 de taza de yogur natural desnatado
- 1 taza de harina para todo uso
- 1/4 de cucharadita de bicarbonato de sodio
- 1/8 de cucharadita de sal
- 5 cucharadas de mantequilla
- 1 cucharadita de extracto de vainilla spray para cocinar

PREPARACIÓN

- Precalienta el horno a 350 grados F.
- Vierte la harina en una taza de medir seca.
- Nivélala con un cuchillo.
- Combina el bicarbonato, la harina y la sal; resérvalo.
- En un cazo grande, derrite la mantequilla a fuego medio.
- Retírala del fuego; incorpora los azúcares y el cacao en polvo.
- Añade la vainilla y el yogur, y remueve para combinarlos.
- Añade la mezcla de harina y remueve hasta que se humedezca.
- Deja caer cucharadas rasas con una separación de 5 centímetros entre sí en bandejas para hornear cubiertas con spray de cocina.
- Hornea a 350 grados hasta que esté casi cuajada, o durante unos 8 a 10 minutos.
- Dejar enfriar en los moldes hasta que estén firmes, o durante unos 2 o 3 minutos.
- Saca las galletas de los moldes y enfríalas en rejillas.
- Sirve y disfruta.

TIEMPO DE PREPARACIÓN: 20 min
TIEMPO ADICIONAL: 0 min
TIEMPO EN TOTAL: 40 min
PORCIONES: 2 docenas

GALLETAS CON HUELLAS DE FRAMBUESA

Añade un poco de color a tu bandeja de galletas con estas huellas de pulgares rellenas de mermelada. Esta receta podría ser tu alternativa saludable para las próximas vacaciones, reuniones de la iglesia o fiestas del colegio.

Para ahorrar tiempo, puedes utilizar mermelada de frambuesa ya preparada y serán un éxito. Tienes que añadir esto a tus favoritos.

Espero que te guste. ¡Que lo disfruten!

- 5 cucharadas de mantequilla, ablandada 1/4 cucharadita de extracto de vainilla
- 1 clara de huevo grande
- 3/4 de taza (3 onzas) de pasta de almendra rallada 2/3 de taza de azúcar
- 1 1/4 tazas de harina para todo uso (aproximadamente 5 1/2 onzas) 1/4 cucharadita de sal
- 6 cucharadas de mermelada de frambuesa de nevera

PREPARACIÓN

- Precalienta el horno a 325 grados F.
- Utiliza papel de pergamino para forrar 2 bandejas grandes para hornear, fíjalo a la bandeja de hornear con la parte superior del papel de lija.
- En un bol, coloca la pasta de almendras, el azúcar y la mantequilla.
- Bate con la mezcla a velocidad media hasta que esté ligera y esponjosa, o durante unos 4 minutos.
- Vierte la harina en las tazas de medir secas y nivélala con el cuchillo.
- Añade la sal y la harina hasta que estén bien combinadas y hasta que se doren.
- Saca los pasteles de los moldes y enfríalos en rejillas.
- Pon aproximadamente 1/2 cucharadita de mermelada de frambuesa de nevera en el centro de cada galleta.
- **Notas**:
- La pasta de almendra hace que la masa sea flexible y húmeda.
- Búscala en el pasillo de repostería del supermercado.
- Los agujeros grandes del rallador de caja funcionan bien para rallar la pasta de almendras.
- Para hacer hendiduras más profundas en las galletas, utiliza un corcho de vino.
- Hornea los dos moldes de las galletas al mismo tiempo.
- Gira los moldes en el horno a mitad del tiempo de cocción para que se doren de forma uniforme.
- Sirve y disfruta.

TIEMPO DE PREPARACIÓN: 20 min
TIEMPO ADICIONAL: 0 min
TIEMPO EN TOTAL: 40 min
PORCIONES: 2 dozen

BOLAS DE BUCKEYE SIN AZÚCAR

Estas deliciosas Bolas de Buckeye sin azúcar son la delicia perfecta para compartir con sus familias y amigos. Son bajas en carbohidratos y aptas para diabéticos porque están hechas con cero azúcar.

A esta receta le añadiremos mantequilla de cacahuete sin azúcar. Realmente trabajan juntos en la creación de un sabor delicioso.

- 6 tazas de azúcar en polvo sin azúcar
- 1 cucharadita de extracto de vainilla
- 1 1/2 tazas de mantequilla de maní sin azúcar
- 1 taza de mantequilla muy blanda
- 4 tazas de chips de chocolate sin azúcar

PREPARACIÓN

- Prepara una bandeja para hornear con papel encerado. Apártala.
- Mezcla la mantequilla de cacahuete sin azúcar, el extracto de vainilla y el azúcar en polvo sin azúcar en un bol.
- Forma la mezcla en bolas de 1 a 1,5 pulgadas haciendo rodar la masa en las manos.
- Coloca cada una de las bolas en la bandeja para hornear preparada con cera.
- Coloca las bolas preparadas en el congelador durante unos 25 minutos, o hasta que estén duras.
- Derrite el chocolate en el microondas cuando vayas a sumergir las bolas en el chocolate o utiliza el método de la caldera doble.
- Remueve bien el chocolate fundido.
- Saca las bolas de mantequilla de cacahuete del congelador y sumerge cada una de ellas en el chocolate. Puedes dejar la zona alrededor donde puedes poner el palillo.
- A continuación, vuelve a colocar cada bola en el papel encerado y refrigéralas.
- Derrite más si te quedas sin chocolate.
- Sirve y disfruta.

NOTA:

Las bolas deben guardarse en un recipiente hermético en la nevera para que se mantengan frescas. Guardadas de esta manera se conservarán durante aproximadamente 1 mes. También puedes congelar las bolas en un recipiente hermético o en una bolsa Ziploc en el congelador durante un máximo de 3 meses.

TIEMPO DE PREPARACIÓN: 20 min
TIEMPO DE CONGELACIÓN: 35 min
TIEMPO EN TOTAL: 55 min
PORCIONES: 36 bolas

CRUJIENTE DE MANZANA AL HORNO

¿Te preguntas si puedes hornear este postre en tu parrilla?

Sí, se puede. Se trata de un crujiente de manzana tradicional que se hornea directamente en la parrilla. Cuando pruebes esta receta por primera vez, te emocionarás al añadirla a tus favoritos. Es fantástica y una gran adición a tu cena de Acción de Gracias.

¡Está riquísimo!

- 2 cucharaditas de canela molida
- 2 cucharaditas de levadura en polvo
- 3/4 de cucharadita de sal
- 1/2 taza (4 onzas) de mantequilla
- 10 manzanas (aproximadamente 5 libras), preferiblemente una mezcla de Granny Smith y Golden Delicious
- 2 tazas de harina para todo uso
- 1 taza de azúcar
- 2 huevos grandes
- Helado de vainilla (opcional)

PREPARACIÓN

- Derrite la mantequilla a fuego lento y resérvala.
- Pela, descorazona y corta las manzanas en rodajas de 1/3 de pulgada de grosor.
- En un molde para hornear de 9 por 13 pulgadas, coloca las manzanas y extiéndelas para que queden niveladas.
- Mezcla la harina, la canela, el azúcar, la sal y la levadura en polvo en un bol.
- Añade los huevos y mézclalos con un tenedor o una batidora de repostería hasta que se desmenucen.
- Reparte los ingredientes uniformemente sobre las manzanas.
- Rocía con la mantequilla derretida.
- Prepara la parrilla para un fuego indirecto de 350 a 400 grados F.
- En la parrilla, coloca el crujiente de manzana y cúbrelo con la barbacoa.
- Cocina hasta que las manzanas estén burbujeantes y la cobertura esté dorada, o durante unos 40 a 45 minutos.
- Sírvelo caliente con helado de vainilla como opción.
- Crujiente de manzana: Ahuma este crujiente de manzana si realmente te gusta el sabor del humo.
- Cubre 1/3 de taza de astillas de madera de manzana con agua, remójalas durante 30 minutos y escúrrelas.
- Esparce las astillas sobre las brasas justo antes de colocar el crujiente de manzana en la rejilla.
- Sirve y disfruta.

TIEMPO DE PREPARACIÓN: 10 min
TIEMPO DE COCCIÓN: 65 min
TIEMPO EN TOTAL: 85 min
PORCIONES: 8 to 10 porciones

PITAS DE QUESO

Las pitas de queso son una de mis favoritas. Puedes echarlas en tu sopa favorita o comerlas solas para un almuerzo fácil y rápido que siempre es un éxito.

Con sólo seis ingredientes, tus pitas de queso a la parrilla pueden estar listas para comer.

Las pitas de queso se benefician de la naturaleza absorbente, compresora y favorecedora de la unión del sabor astringente.

INGREDIENTES

- 1-2 cucharaditas de mantequilla o según sea necesario
- 2 pitas esponjosas o pan plano naan
- 4 rodajas de tomate maduro
- 2 puñados de espinacas baby
- 4 onzas de queso rallado (puede utilizar mozzarella con Havarti)
- sal y pimienta al gusto

PREPARACIÓN

- Prepara el queso y las verduras para que estén listos.
- Calienta una sartén a fuego medio-alto.
- Añade 1 cucharadita de mantequilla.
- Añade una pita a la sartén cuando la mantequilla empiece a burbujear.
- Cubre con las espinacas, el queso y el tomate con un poco más de queso por encima.
- Cubre con la pitta restante.
- Ahora, gratina.
- Para que el centro esté más derretido y caliente, pon una tapa de olla transparente encima.
- Añade otra cucharadita de mantequilla a la sartén antes de darle la vuelta o puedes extenderla sobre el lado seco de la pitta.
- Si usas una, vuelve a poner la tapa y asa cada lado, o hasta que se dore con el centro derretido.
- Corta en 4 trozos.
- Sirve y disfruta.

TIEMPO DE PREPARACIÓN: 5 min
TIEMPO DE COCCIÓN: 8 min
TIEMPO EN TOTAL: 13 min
PORCIONES: 2 porciones

BROCHETAS DE FRUTA

¿Sabes que al asar las frutas se caramelizan los azúcares naturales que contienen para conseguir un postre cómodo, dulce y saludable? Sería estupendo que probaras estas brochetas de fruta a la parrilla este verano.

Los azúcares naturales de la fruta se caramelizarán con el calor y resaltarán el sabor dulce de la fruta. Te darás cuenta de que esta receta es un postre sano y delicioso que sabe muy bien. No sólo lleva un par de minutos en la parrilla, sino que es muy fácil de preparar.

Sírvelo con una bola de helado o un poco de yogur. ¡Te encantará!

INGREDIENTES

- 1 taza de trozos de melón cortados en trozos de 1 pulgada
- 1 taza de fresas sin tallos
- 1 taza de trozos de piña cortados en trozos de 1 pulgada
- 1 plátano cortado en trozos de 1 pulgada
- Aceite de coco en spray
- 1 cucharada de jarabe de arce para rociar
- Yogur de vainilla para mojar (opcional)

PREPARACIÓN

- Dentro del agua, remoja las brochetas durante unos 20 minutos para evitar que se quemen al asarlas.

Hacer las brochetas:
- Ensarta 2 trozos de piña, plátano, melón y fresa en una brocheta.
- Repite este proceso para montar tantas brochetas como quieras preparar.
- Rocía con sirope de arce y aceite de oliva.
- Asa en una parrilla precalentada hasta que la fruta se chamusque y ablande, dándole la vuelta de vez en cuando, durante unos 10 minutos.
- Disfruta inmediatamente.
- Sumérgelo en yogur como un extra opcional.

TIEMPO DE PREPARACIÓN: 10 min
TIEMPO DE COCCIÓN: 2 min
TIEMPO EN TOTAL: 12 min
PORCIONES: 6 porciones

Si te ha gustado este libro, déjame tu opinión dejando una breve reseña en **Amazon**

GRACIAS

50 recetas de postres fáciles para diabéticos

Stella - Waters

CPSIA information can be obtained
at www.ICGtesting.com
Printed in the USA
BVHW062008250321
603406BV00004B/84